EL
ARTE DE
LLORAR

EL PODER SANADOR DE LAS LÁGRIMAS

EL ARTE DE LLORAR

PEPITA SANDWICH

Lumen

Penguin
Random House
Grupo Editorial

PRIMERA EDICIÓN: MAYO DE 2024

PRINTED IN SPAIN — IMPRESO EN ESPAÑA

ISBN: 978-84-264-2663-5
DEPÓSITO LEGAL: B-9.543-2024

IMPRESO EN GÓMEZ APARICIO, S.L.
CASARRUBUELOS (MADRID)

H 4 2 6 6 3 5

LLORAR NO INDICA QUE SEAS DÉBIL. DESDE QUE NACISTE, SIEMPRE HA SIDO UNA SEÑAL DE QUE ESTÁS VIVO.
—CHARLOTTE BRONTË

✳ CUANDO SIENTO ✳

QUE MI MENTE SE DERRITE

A TRAVÉS DE MIS OREJAS Y MIS OJOS

RESPIRO PROFUNDO

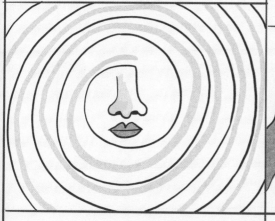

TRATANDO DE ABSORBER TODAS LAS MOLÉCULAS DE OXÍGENO.

LLORO UN POCO

LÁGRIMAS ADENTRO

Y MIS PENSAMIENTOS SE VUELVEN CRISTALINOS.

LLANTOS Y CONTENIDOS

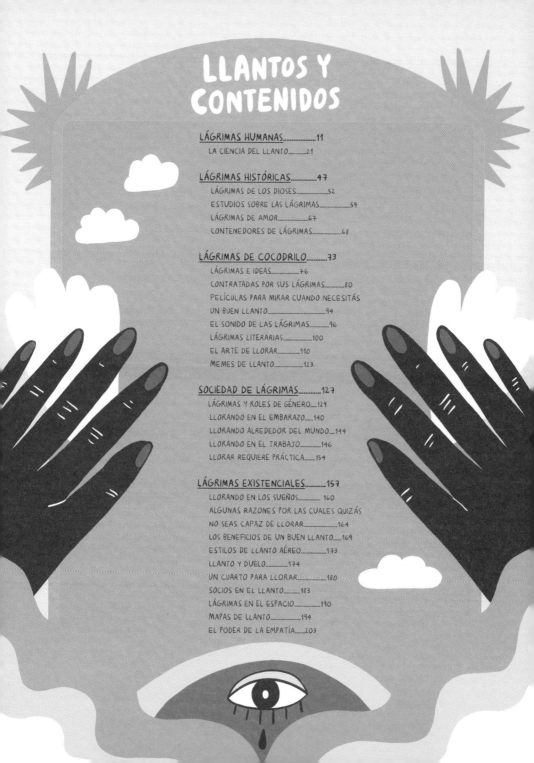

LÁGRIMAS HUMANAS................11
    LA CIENCIA DEL LLANTO.........21

LÁGRIMAS HISTÓRICAS............47
    LÁGRIMAS DE LOS DIOSES................52
    ESTUDIOS SOBRE LAS LÁGRIMAS.............59
    LÁGRIMAS DE AMOR.........67
    CONTENEDORES DE LÁGRIMAS.............68

LÁGRIMAS DE COCODRILO.........73
    LÁGRIMAS E IDEAS.........76
    CONTRATADAS POR SUS LÁGRIMAS.........80
    PELÍCULAS PARA MIRAR CUANDO NECESITÁS
    UN BUEN LLANTO.............94
    EL SONIDO DE LAS LÁGRIMAS.........96
    LÁGRIMAS LITERARIAS.............100
    EL ARTE DE LLORAR.........110
    MEMES DE LLANTO.............123

SOCIEDAD DE LÁGRIMAS............127
    LÁGRIMAS Y ROLES DE GÉNERO.....129
    LLORANDO EN EL EMBARAZO.....140
    LLORANDO ALREDEDOR DEL MUNDO....144
    LLORANDO EN EL TRABAJO.............146
    LLORAR REQUIERE PRÁCTICA.....154

LÁGRIMAS EXISTENCIALES...........157
    LLORANDO EN LOS SUEÑOS............ 160
    ALGUNAS RAZONES POR LAS CUALES QUIZÁS
    NO SEAS CAPAZ DE LLORAR.............164
    LOS BENEFICIOS DE UN BUEN LLANTO.....169
    ESTILOS DE LLANTO AÉREO.............173
    LLANTO Y DUELO.............174
    UN CUARTO PARA LLORAR.............180
    SOCIOS EN EL LLANTO.........183
    LÁGRIMAS EN EL ESPACIO.............190
    MAPAS DE LLANTO.............194
    EL PODER DE LA EMPATÍA.....203

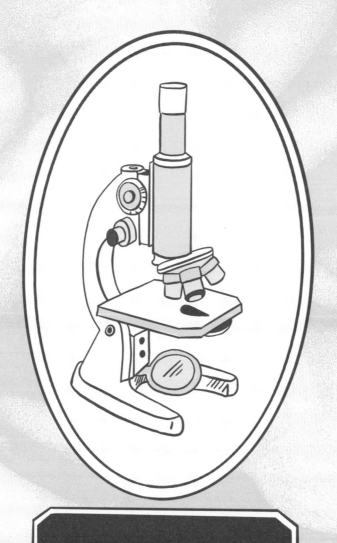

LÁGRIMAS HUMANAS

SIEMPRE LLORÉ MUCHO. MI MAMÁ DICE QUE LLORÉ SIN PARAR DESDE QUE NACÍ HASTA QUE CUMPLÍ NUEVE AÑOS. LLORABA POR ABSOLUTAMENTE TODO: GOLPES, CAÍDAS, SITUACIONES ESTRESANTES O MALENTENDIDOS.

LLORABA TODO EL TIEMPO Y SIEMPRE SENTÍA VERGÜENZA POR ESO.

DURANTE AÑOS QUISE CONTROLAR MI LLANTO Y HACÍA CUALQUIER COSA PARA EVITAR QUE LAS LÁGRIMAS SE DESLIZARAN POR MIS MEJILLAS. ME DABA MIEDO Y PUDOR SER PERCIBIDA COMO DÉBIL.

HACE UNOS AÑOS ME MUDÉ DE BUENOS AIRES A NUEVA YORK. DESPUÉS DE HORAS Y HORAS DE LLORAR EN MI NUEVA CASA, DECIDÍ EMPEZAR A ESCRIBIR MI "DIARIO DE LLANTO".

ESCRIBÍ Y DIBUJÉ CADA VEZ QUE LLORÉ; ESO ME AYUDÓ A SENTIRME MÁS CONECTADA CON MIS LÁGRIMAS.

LA CIENCIA HA DESCUBIERTO QUE ADEMÁS DE SER AUTOCALMANTE, DERRAMAR LÁGRIMAS EMOCIONALES LIBERA OXITOCINA Y ENDORFINAS. ESTOS QUÍMICOS TE HACEN SENTIR MEJOR.

EN EL PASADO, LLORAR CON TODO MI CORAZÓN
ME AYUDÓ A SUPERAR MOMENTOS DIFÍCILES
E INCIERTOS.

UNA VEZ, CHARLES DARWIN DECLARÓ QUE LAS LÁGRIMAS EMOCIONALES "NO TENÍAN PROPÓSITO ALGUNO".

Y LLORAR AÚN SIGUE SIENDO UN TABÚ EN LA SOCIEDAD.

ME PREGUNTO: ¿POR QUÉ LLORAR ES CONSIDERADO ALGO MALO? ¿QUÉ SIGNIFICA LLORAR Y POR QUÉ TRATAMOS DE OCULTAR NUESTRAS LÁGRIMAS CON TANTA FRECUENCIA?

LLORAR ES ESPECIAL. LOS HUMANOS SOMOS LA ÚNICA ESPECIE CUYAS LÁGRIMAS PUEDEN SER PROVOCADAS POR SENTIMIENTOS.

LLORAR ACÁ

LLORAR ALLÁ

LLORAR

EN TODOS LADOS.

LLORAR ES UNA DE LAS FORMAS MÁS HERMOSAS DE EXPRESIÓN QUE TIENE NUESTRO CUERPO.

LLORAMOS PORQUE NECESITAMOS A OTRAS PERSONAS, PORQUE SENTIMOS EMOCIONES PROFUNDAS, PORQUE ESTAMOS VIVOS.

LLORAR ES COMPLETAMENTE NORMAL.

LA CIENCIA DEL LLANTO

EXISTEN TRES
TIPOS DE LÁGRIMAS.

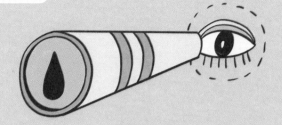

LÁGRIMAS BASALES: ESTAS LÁGRIMAS MANTIENEN LOS OJOS LUBRICADOS. HACEN POSIBLE LA VISIÓN COMO LA CONOCEMOS, SUAVIZANDO LAS IRREGULARIDADES DEL OJO. LOS OJOS LAGRIMOSOS NOS AYUDAN A VER EL MUNDO.

LÁGRIMAS REFLEJAS: RESULTAN DE LA IRRITACIÓN DE LOS OJOS Y SON LA FORMA EN QUE NUESTRO CUERPO ELIMINA LAS PARTÍCULAS EXTRAÑAS. TAMBIÉN PUEDEN APARECER AL RECIBIR LUZ DEMASIADO BRILLANTE O ESTÍMULOS CALIENTES O PICANTES EN LA LENGUA Y LA BOCA. LAS LÁGRIMAS REFLEJAS ESTÁN ASIMISMO VINCULADAS CON EL VÓMITO, LA TOS Y EL BOSTEZO.

LÁGRIMAS EMOCIONALES: ESTAS LÁGRIMAS BROTAN COMO RESPUESTA A EMOCIONES FUERTES: TRISTEZA, DOLOR, ALEGRÍA O RABIA. LA MAYORÍA DE LOS INVESTIGADORES CREEN QUE LAS LÁGRIMAS EMOCIONALES SON EXCLUSIVAS DE LOS SERES HUMANOS.

LAS LÁGRIMAS SON SALADAS DEBIDO A LOS ELECTROLITOS. NUESTRO CUERPO PRODUCE ESTOS IONES DE SODIO PARA CREAR LA ENERGÍA QUE NECESITA NUESTRO CEREBRO Y QUE AYUDA A NUESTROS MÚSCULOS A MOVERSE. LAS LÁGRIMAS ESTÁN COMPUESTAS POR AGUA, SALES, ANTICUERPOS Y LISOZIMAS (ENZIMAS ANTIBACTERIANAS). SIN EMBARGO, ESTAS COMPOSICIONES VARÍAN EN LOS DISTINTOS TIPOS DE LÁGRIMAS.

LAS LÁGRIMAS EMOCIONALES TIENEN EL MISMO COMPONENTE QUÍMICO QUE LAS LÁGRIMAS BASALES, PERO CONTIENEN UNA MAYOR CONCENTRACIÓN DE HORMONAS DEL ESTRÉS Y ANALGÉSICOS NATURALES, LO QUE SUGIERE QUE LAS LÁGRIMAS EMOCIONALES CUMPLEN UN PAPEL BIOLÓGICO EN EL EQUILIBRIO DE LOS NIVELES DE LAS HORMONAS DEL ESTRÉS.

CARL SAGAN DIJO QUE LOS HUMANOS ESTAMOS HECHOS DE LA MISMA MATERIA DE LA QUE ESTÁN HECHAS LAS ESTRELLAS.

ENCONTRAR NUESTRO LUGAR EN EL COSMOS PUEDE SER CONMOVEDOR PARA EL ALMA.

CADA VEZ QUE MIRO LA LUNA EN UNA NOCHE CLARA, ME CONMUEVO PROFUNDAMENTE Y LLORO.

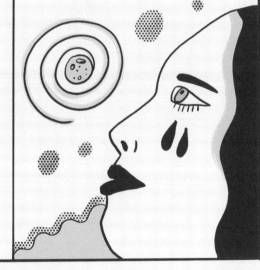

 MIÉRCOLES 2 DE SEPTIEMBRE DE 2020: LLORÉ Y ME DORMÍ, CON LA LUNA LLENA EN PISCIS.

QUÉ PASA EN EL CUERPO CUANDO LLORÁS

SENTÍS UNA EMOCIÓN PODEROSA Y LA AMÍGDALA ENVÍA UNA SEÑAL AL HIPOTÁLAMO, UNA PEQUEÑA GLÁNDULA DEL CEREBRO QUE ESTÁ CONECTADA AL SISTEMA NERVIOSO AUTÓNOMO.

EL SISTEMA NERVIOSO ACELERA LA RESPUESTA DE LUCHA O HUIDA, PARA PROTEGERNOS, IMPIDIENDO QUE EL CUERPO REALICE CUALQUIER FUNCIÓN NORMAL, COMO COMER O BEBER, Y PROVOCANDO UNA SENSACIÓN DE NUDO EN LA GARGANTA.

CON EL CUERPO TOTALMENTE ALERTA, TAMBIÉN SE EXPERIMENTAN OTROS SÍNTOMAS ASOCIADOS CON EL PELIGRO. LA FRECUENCIA CARDÍACA PUEDE AUMENTAR, LOS LABIOS EMPIEZAN A TEMBLAR Y LA VOZ SE VUELVE AGUDA.

TODOS ESTOS SENTIMIENTOS LE DICEN AL HIPOTÁLAMO QUE PRODUZCA UN MENSAJERO QUÍMICO LLAMADO ACETILCOLINA, QUE SE UNE A LOS RECEPTORES DEL CEREBRO, QUE ENVÍA SEÑALES A LAS GLÁNDULAS LAGRIMALES PARA COMENZAR A LLORAR.

LOS OJOS SE LLENAN MUY RÁPIDO Y LAS LÁGRIMAS EMPIEZAN A RODAR POR LA CARA. LAS LÁGRIMAS TAMBIÉN COMIENZAN A INUNDAR LA CAVIDAD NASAL Y SALEN POR LA NARIZ. LAS CEJAS SE JUNTAN, LOS PÁRPADOS Y LAS COMISURAS DE LA BOCA BAJAN.

CUANDO TODO TERMINA, GENERALMENTE TE SENTÍS MUCHO MEJOR QUE ANTES DE LLORAR.

24

EL LLANTO ES EL RESULTADO DE UNA FASCINANTE REACCIÓN EN CADENA. LOS HUMANOS RECIÉN NACIDOS NO TIENEN LAS GLÁNDULAS LAGRIMALES COMPLETAMENTE DESARROLLADAS Y NO PUEDEN PRODUCIR LÁGRIMAS VISIBLES, PERO IGUAL FRUNCEN EL CEÑO Y LLORAN FUERTE PARA PEDIR AMOR O AYUDA. POR LO GENERAL, LOS BEBÉS EMPIEZAN A PRODUCIR LÁGRIMAS REALMENTE VISIBLES EN ALGÚN MOMENTO ENTRE EL MES Y LOS TRES MESES DE EDAD.

DESDE NUESTRO NACIMIENTO LLORAMOS PORQUE NECESITAMOS A OTROS.

LAS LÁGRIMAS NOS PROTEGEN DEL MUNDO.

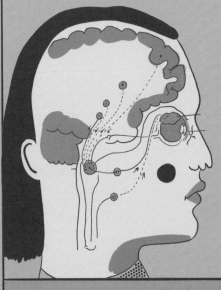

LAS LÁGRIMAS BASALES FORMAN UNA BARRERA PERMEABLE QUE PRESERVA LOS OJOS.

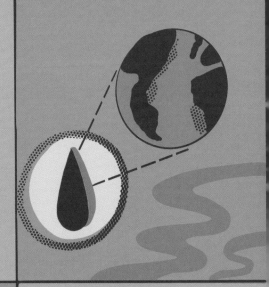

LAS LÁGRIMAS EMOCIONALES

SON LAS QUE CUSTODIAN EL CORAZÓN.

CUANDO VISITÉ LAS CATARATAS DEL IGUAZÚ EN ARGENTINA, Y LLEGUÉ A LA GARGANTA DEL DIABLO, UNA DE LAS CASCADAS MÁS GRANDES DEL MUNDO, LLORÉ PORQUE NO SABÍA CÓMO EXPRESAR MI INMENSA ALEGRÍA AL PRESENCIAR UN ESPECTÁCULO DE AGUA NATURAL TAN FASCINANTE.

DESBORDARME DE LÁGRIMAS DENTRO DE LA NIEBLA DE ESTAS CASCADAS CÓSMICAS, RODEADA POR LOS RUGIDOS DE LAS PODEROSAS CATARATAS, LO SENTÍ MÁS COMO ESTAR EN EL CIELO QUE DENTRO DE LA BOCA DE UN ESPÍRITU MALIGNO.

LLORAR LÁGRIMAS DE ALEGRÍA PUEDE SER LA FORMA QUE TIENE EL CUERPO DE RESTABLECER EL EQUILIBRIO EMOCIONAL. RESPONDER A UNA ABRUMADORA EMOCIÓN POSITIVA CON UNA LIBERACIÓN FÍSICA NOS AYUDA A RECUPERARNOS MEJOR DE SENTIMIENTOS PODEROSOS.

DURANTE LA NIÑEZ Y LA ADOLESCENCIA TEMPRANA, EL DOLOR FÍSICO QUE PUEDEN PROVOCAR ARAÑAZOS Y GOLPES TAMBIÉN ES UN DESENCADENANTE COMÚN DE LÁGRIMAS EMOCIONALES. ESTOS LLANTOS RELACIONADOS CON LESIONES TIENDEN A DISMINUIR CUANDO NOS HACEMOS ADULTOS.

A MEDIDA QUE CRECEMOS, LAS LÁGRIMAS EMOCIONALES SON DESENCADENADAS POR UNA GAMA MÁS AMPLIA DE SENTIMIENTOS QUE INCLUYEN: DOLOR RELACIONADO CON EL APEGO; DOLOR COMPASIVO; DOLOR SOCIAL, Y NOSTALGIA, DOLOR SENTIMENTAL O MORAL.

LOS DOLORES DE CRECIMIENTO SON REALES.

DURANTE LA PUBERTAD NUESTRAS EMOCIONES SE
VUELVEN MÁS FUERTES E INTENSAS.
NUESTROS ESTADOS DE ÁNIMO CAMBIAN CON MÁS
FRECUENCIA, A MEDIDA QUE EXPERIMENTAMOS
SENSACIONES FUERTES QUE NUNCA ANTES
HABÍAMOS SENTIDO. LLORAR NOS AYUDA A CRECER
Y A ATRAVESAR ESTOS CAMBIOS.
LAS LÁGRIMAS SON GRANDES MAESTRAS.

CUANDO MI HERMANO MEDIANO, JAVIER, SE SEPARÓ DE SU PRIMERA NOVIA, YO TENÍA QUINCE AÑOS Y ÉL, TRECE. RECUERDO VERLO LLORAR EN SU HABITACIÓN DURANTE DÍAS. UNA TARDE ME SENTÉ CON ÉL Y SIN DECIR UNA PALABRA EMPECÉ A SOLTAR LÁGRIMAS. SENTÍ SU DOLOR Y COMENZAMOS UN BAILE TELEPÁTICO DE LÁGRIMAS. ENSEGUIDA SE SINTIÓ MEJOR Y ME LO AGRADECIÓ.

GRACIAS POR LLORAR CONMIGO.

"CREO QUE EL ESTUDIO DEL LLANTO, MÁS QUE CUALQUIER OTRA EXPRESIÓN EMOCIONAL, PUEDE AYUDARNOS A OBTENER UNA MEJOR VISIÓN DE LA NATURALEZA HUMANA", DIJO AD VINGERHOETS, INVESTIGADOR DEL LLANTO.

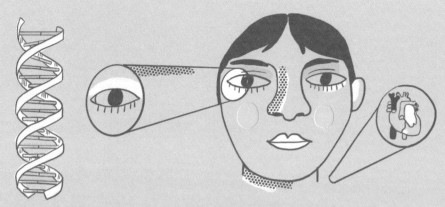

EL LLANTO ESTÁ ASOCIADO CON EL SISTEMA NERVIOSO PARASIMPÁTICO, QUE CALMA LA MENTE Y EL CUERPO. PODER LLORAR EMOCIONALMENTE Y QUE SE TRADUZCA EN UNA EXPRESIÓN FÍSICA ES PARTE FUNDAMENTAL DE LA CONDICIÓN HUMANA.

VER A ALGUIEN LLORANDO ACTIVA LAS MISMAS ÁREAS NEURONALES DEL CEREBRO QUE SE ACTIVAN CUANDO UNO LLORA. DEBIÓ DE HABER ALGÚN PUNTO EN NUESTRA EVOLUCIÓN, CUANDO LAS LÁGRIMAS LLEGARON A PROVOCAR EMPATÍA Y COMPASIÓN.

EN 1906, ALVIN BORGQUIST, UN ESTUDIANTE QUE CURSABA UN POSGRADO EN LA UNIVERSIDAD CLARK, PUBLICÓ EL PRIMER ESTUDIO PSICOLÓGICO SOBRE EL LLANTO EN EL MUNDO. LOS RESULTADOS DE SU INVESTIGACIÓN SON EXTRAÑOS Y ESTÁN LLENOS DE ESTEREOTIPOS RACIALES. PARA SU INVESTIGACIÓN QUISO SABER SI LAS PERSONAS DE COLOR LLORABAN O NO E IDEÓ UN CUESTIONARIO PARA RECOPILAR DATOS SOBRE COMPORTAMIENTOS EMOCIONALES TÍPICOS QUE COMENZABA ASÍ:

DE NIÑO ¿ALGUNA VEZ LLORÓ HASTA CASI PERDER LA CONSCIENCIA O HASTA QUE ALGUNAS COSAS PARECIERON CAMBIAR EN USTED?

DESCRIBA UN LLANTO CON TOTAL ABANDONO. ¿TRAJO ESTE LLANTO UNA SENSACIÓN DE DESESPERACIÓN TOTAL? DESCRIBA LO MÁS DETALLADAMENTE QUE PUEDA TAL EXPERIENCIA, SUS SENTIMIENTOS SUBJETIVOS, CÓMO CRECIÓ, QUÉ LA CAUSÓ, SUS SÍNTOMAS FÍSICOS Y TODOS SUS EFECTOS POSTERIORES. LO QUE SE BUSCA ES UNA IMAGEN DE UNA VERDADERA CRISIS Y UNA REPRESENTACIÓN NO FORZADA DE PURO SUFRIMIENTO.

BORGQUIST ESCRIBIÓ ESTAS PREGUNTAS EN UNA CARTA DIRIGIDA A W. E. B. DUBOIS, UN ERUDITO Y EL PRIMER DOCTOR AFROAMERICANO DE LA UNIVERSIDAD DE HARVARD. BORGQUIST ERA UNA PERSONA BLANCA CON EDUCACIÓN UNIVERSITARIA QUE VIVÍA UNA EXISTENCIA TAN AISLADA QUE NI SIQUIERA SABÍA SI LAS PERSONAS DE COLOR ERAN CAPACES DE LLORAR, Y ESO ME HACE LLORAR.

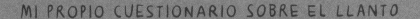

MI PROPIO CUESTIONARIO SOBRE EL LLANTO

¿CUÁNDO FUE LA ÚLTIMA VEZ QUE LLORASTE?

¿CUÁL ES TU PRIMER RECUERDO EN EL QUE ESTÁS LLORANDO?

¿PREFERÍS LLORAR SOLO O CERCA DE TUS SERES QUERIDOS?

¿DISFRUTÁS DURMIENDO UNA SIESTA DESPUÉS DE LLORAR O PREFERÍS SALIR A CAMINAR?

¿CUÁL ES TU LUGAR FAVORITO PARA LLORAR?

¿BEBERÍAS LAS LÁGRIMAS DE ALGUIEN QUE AMÁS?

¿QUÉ PELÍCULA SIEMPRE TE HACE LLORAR?

¿TE CONMOVÉS HASTA LAS LÁGRIMAS CUANDO VES A ALGUIEN LLORAR?

EN 1872, CHARLES DARWIN ESCRIBIÓ SU TERCER TRABAJO IMPORTANTE SOBRE LA EVOLUCIÓN, TITULADO *LA EXPRESIÓN DE LAS EMOCIONES EN HOMBRES Y ANIMALES*. CONCLUYÓ QUE EXPRESAMOS EMOCIONES PARA REDUCIR LA ANGUSTIA.

DARWIN LLEGÓ A CREER QUE LLORAR TENÍA ALGUNAS VENTAJAS EVOLUTIVAS. POR EJEMPLO, LOS BEBÉS QUE LLORAN PUEDEN COMUNICAR CUÁNDO TIENEN HAMBRE. TEORIZÓ QUE LAS LÁGRIMAS SON SIMPLEMENTE LOS EFECTOS SECUNDARIOS DE PEDIR AYUDA. PERO NO PUDO EXPLICAR POR QUÉ A VECES LLORAMOS EN SILENCIO ANTE LA TRISTEZA O LA BELLEZA. SU HIPÓTESIS FUE EL HÁBITO: LLORAMOS DEBIDO A UN PATRÓN EMOCIONAL QUE DESARROLLAMOS EN LA PRIMERA INFANCIA.

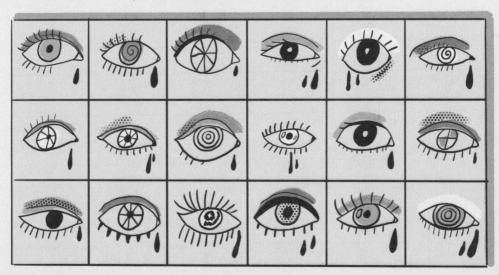

CUANDO EXPERIMENTÁS UN SENTIMIENTO PODEROSO, LAS SEÑALES EN TU CEREBRO EMPIEZAN A ILUMINARSE, Y SENTÍS QUE TODO TU CUERPO PUEDE EXPRESAR LO QUE ESTÁS VIVIENDO.
SENTIR UNA EMOCIÓN FUERTE Y LLORAR ES RECONOCER TU MENTE A TRAVÉS DE TU CUERPO.

ALGUNOS TEÓRICOS DICEN QUE EL LLANTO PUDO HABER EVOLUCIONADO COMO UNA FORMA DE SEÑAL, UN LENGUAJE CORPORAL QUE ES IMPORTANTE PORQUE SOLO PUEDE SER PERCIBIDO POR PERSONAS QUE REALMENTE VEN NUESTRAS LÁGRIMAS. LAS LÁGRIMAS DEJAN ENTRAR A NUESTROS ÍNTIMOS, PERSONAS CERCANAS A NOSOTROS, QUIENES ESTARÍAN MÁS DISPUESTOS A APOYARNOS Y PROTEGERNOS.

 VIERNES 29 DE OCTUBRE DE 2021: LLORÉ EN UNA FIESTA CON TEMÁTICA "STUDIO 54".

SABEMOS TAN POCO SOBRE EL CEREBRO HUMANO QUE DURANTE LA DÉCADA DE 1960 SURGIÓ UNA HIPÓTESIS ESTRAFALARIA SEGÚN LA CUAL LOS SERES HUMANOS EVOLUCIONAMOS A PARTIR DE SIMIOS ACUÁTICOS Y EN ALGÚN MOMENTO LAS LÁGRIMAS NOS AYUDARON A SOBREVIVIR EN EL AGUA SALADA.

ESTA CONTROVERTIDA HIPÓTESIS DE LA EVOLUCIÓN

POSTULA QUE LOS ANCESTROS DE LOS HUMANOS MODERNOS TOMARON UN CAMINO EVOLUTIVO DIFERENTE

Y SE ADAPTARON A UN HOGAR MÁS ACUÁTICO, DE AHÍ EL ORIGEN DE LAS LÁGRIMAS SALADAS.

MARTES 10 DE ENERO DE 2023: LLORÉ PENSANDO EN LOS PRIMEROS HUMANOS QUE HABITARON EL PLANETA.

AUNQUE LA INVESTIGACIÓN SOBRE EL CEREBRO HUMANO TIENE AÚN MUCHOS MISTERIOS SIN RESOLVER, LA EVIDENCIA RESPALDA TEORÍAS MÁS PROBABLES. UNA ES QUE LAS LÁGRIMAS MOTIVAN EL VÍNCULO Y LA CONEXIÓN HUMANOS. MIENTRAS QUE LA MAYORÍA DE LOS OTROS ANIMALES NACEN COMPLETAMENTE FORMADOS, LOS HUMANOS VIENEN A ESTE MUNDO NO APTOS FÍSICAMENTE PARA ENFRENTAR LA VIDA SOLOS. LOS BEBÉS HUMANOS SON ESPECIALMENTE VULNERABLES PORQUE SUS CEREBROS ESTÁN AÚN SIN DESARROLLAR, EN COMPARACIÓN CON OTRAS ESPECIES.

LOS ANTROPÓLOGOS HAN PENSADO QUE LA REDUCCIÓN DE LA PELVIS, QUE NOS POSIBILITA CAMINAR SOBRE DOS PIERNAS, TIENE RELACIÓN CON UNA DURACIÓN MÁS CORTA DE LA GESTACIÓN HUMANA. ALGUNOS CIENTÍFICOS TAMBIÉN CREEN QUE EL HECHO DE NACER ANTES REALMENTE OPTIMIZA EL DESARROLLO NEURONAL COGNITIVO Y MOTOR CUANDO YA ESTAMOS FUERA, EN EL MUNDO.

"QUIZÁS LOS HUMANOS RECIÉN NACIDOS SE ADAPTAN A LA CULTURA ABSORBIÉNDOLO TODO, Y NACER ANTES DE TIEMPO NOS PERMITA HACER ESTO", DIJO ADOLF PORTMANN, ZOÓLOGO SUIZO.

41

EL LLANTO EMOCIONAL MUCHAS VECES LES INDICA A OTRAS PERSONAS QUE ESTÁS EN ALGUNA SITUACIÓN QUE, AL MENOS EN ESE PRECISO MOMENTO, VA MÁS ALLÁ DE TUS CAPACIDADES DE RESOLUCIÓN.

PERO LAS LÁGRIMAS TAMBIÉN PUEDEN SER UNA CLASE DE SEÑAL ACTIVA

CON LA CUAL TU PROPIO CUERPO ENTIENDE

QUE HAY ALGO IMPORTANTE

PASANDO EN TU MENTE.

LLORAR ES UN LLAMADO PSÍQUICO, UNA PETICIÓN ESPECIAL
DE AYUDA Y CONEXIÓN.

0-800-LÁGRIMAS

SI BIEN TODAVÍA HAY INTERROGANTES EN EL ENIGMÁTICO ESTUDIO DE LAS LÁGRIMAS EMOCIONALES, SABEMOS QUE LOS SENTIMIENTOS CAMBIAN Y SE DESARROLLAN A LO LARGO DE TODA NUESTRA VIDA, A MEDIDA QUE CRECEMOS.

AÚN QUEDAN ALGUNAS PREGUNTAS FUNDAMENTALES: ¿CUÁNTO ES BIOLÓGICO Y CUÁNTO SOCIAL EN EL LLANTO? ¿SON NUESTRAS EMOCIONES LAS QUE EVOLUCIONAN O NUESTRA CAPACIDAD PARA ENFRENTAR Y CONTROLAR NUESTRAS LÁGRIMAS?

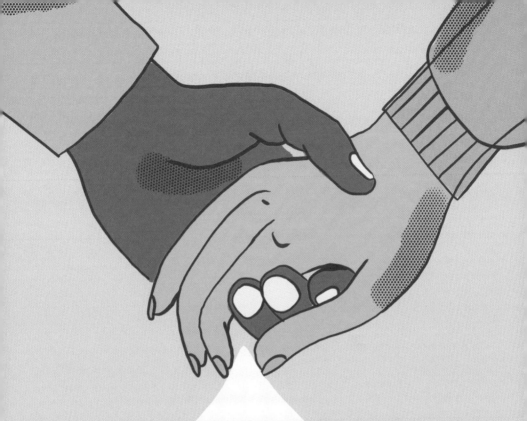

¿CÓMO SE SIENTEN TUS LÁGRIMAS HOY?

LÁGRIMAS HISTÓRICAS

MI PRIMER RECUERDO DE LLANTO ES DE 1988. TENÍA DOS AÑOS, MI MAMÁ ESTABA EMBARAZADA Y YO REALMENTE QUERÍA UNA HERMANA. CUANDO FINALMENTE ME COMUNICÓ QUE TENDRÍA UN HERMANO, LLORÉ DURANTE DOS DÍAS. TODAVÍA PUEDO RECORDAR LA SENSACIÓN DE DECEPCIÓN. ESTABA HACIENDO EL DUELO POR LA POSIBILIDAD QUE NO IBA A SER.

AHORA TODO CAMBIÓ Y ESAS LÁGRIMAS DEL PASADO ME PARECEN IRRELEVANTES. AMO A MI HERMANO Y, COMO MUCHOS OTROS ASPECTOS DE MI VIDA, MIS MOTIVOS DE LLANTO HAN MUTADO Y EVOLUCIONADO.

LOS HUMANOS COMUNICAMOS EMOCIONES DESDE EL PRINCIPIO DE NUESTRA EXISTENCIA.

PASADO, PRESENTE Y FUTURO ESTÁN CONECTADOS POR NUESTRAS LÁGRIMAS.

PSICÓLOGOS DE LAS UNIVERSIDADES DE ULM EN ALEMANIA Y DE SUSSEX EN INGLATERRA CREEN QUE LAS LÁGRIMAS EMOCIONALES OCURREN CUANDO LAS NECESIDADES PSICOLÓGICAS BÁSICAS NO SE ENCUENTRAN SATISFECHAS. DIVIDIERON LAS LÁGRIMAS EMOCIONALES EN CINCO CATEGORÍAS:

NUESTROS ANCESTROS SENTÍAN EMOCIONES. LAS LÁGRIMAS EMOCIONALES PODRÍAN TENER UN SIGNIFICADO PREHISTÓRICO. LA FELICIDAD, LA TRISTEZA, EL MIEDO Y LA IRA SE CONSIDERAN SENTIMIENTOS PRIMITIVOS.

 LUNES 6 DE ABRIL DE 2020: MI TELÉFONO HIZO UN VIDEO CON RECUERDOS DE HACE DOS AÑOS, Y ME PUSE A LLORAR.

LOS CIENTÍFICOS EVOLUTIVOS CREEN QUE LOS HUMANOS DESARROLLAMOS EL LLANTO
EMOCIONAL PARA CUMPLIR UNA FUNCIÓN SOCIAL. ESTOS EXPERTOS
SUGIEREN QUE LLORAR PROPORCIONA UNA SEÑAL VISUAL Y AUDITIVA A OTRAS
PERSONAS, Y LES HACE SABER QUE ALGUIEN NECESITA APOYO SOCIAL Y CUIDADO. DESDE
EL COMIENZO DE LA HISTORIA HUMANA, TEMEMOS EL ABANDONO
Y NUNCA DESEAMOS SENTIRNOS SOLOS.

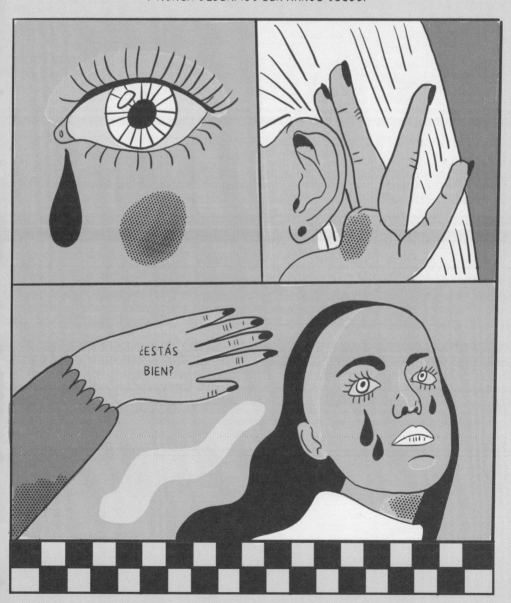

LÁGRIMAS DE LOS DIOSES

SEGÚN LA MITOLOGÍA EGIPCIA, CUANDO RA (EL DIOS SOL) LLORABA, SUS LÁGRIMAS SE TRANSFORMABAN EN ABEJAS AL TOCAR EL SUELO. POR LO TANTO, LA ABEJA ERA SAGRADA EN LA ANTIGUA CULTURA EGIPCIA. ESTAS LÁGRIMAS ERAN ESPECIALES Y EJERCÍAN UNA IMPORTANTE INFLUENCIA EN TODO, DESDE EL COMERCIO HASTA LOS RITUALES DE MUERTE.

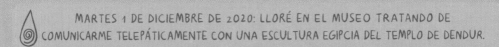

MARTES 1 DE DICIEMBRE DE 2020: LLORÉ EN EL MUSEO TRATANDO DE COMUNICARME TELEPÁTICAMENTE CON UNA ESCULTURA EGIPCIA DEL TEMPLO DE DENDUR.

EL RÍO NILO FUE OTRA FUENTE DE GRAN SIMBOLOGÍA PARA LOS EGIPCIOS. EN LA ANTIGÜEDAD ELLOS CREÍAN QUE EL NILO SE INUNDABA DEBIDO A LAS LÁGRIMAS QUE DERRAMABA ISIS, LA DIOSA DE LA FERTILIDAD, POR LA MUERTE DE SU AMADO ESPOSO, OSIRIS. LA INUNDACIÓN DEL NILO ES UN CICLO NATURAL IMPORTANTE, Y LOS EGIPCIOS AÚN CONMEMORAN ESE HECHO CON UNA CELEBRACIÓN EN LA QUE AGRADECEN AL RÍO SU LEALTAD CON FUERTES CANTOS, BAILES Y FLORES.

LOS AZTECAS SOLLOZABAN Y PRACTICABAN EL "LLANTO RITUAL".
ERA COMÚN QUE LLORARAN LIBREMENTE AL DAR GRACIAS POR ALGO
ESPECIAL, COMO EL OTORGAMIENTO DE TERRENOS A UNA FAMILIA.
ADEMÁS, LAS LÁGRIMAS DERRAMADAS POR LOS NIÑOS ERAN OFRENDAS PARA
INVOCAR LA LLUVIA. ESTAS SE OFRECÍAN AL DIOS TLALOC, EN EL AÑO
AGRÍCOLA Y FESTIVO. SI EN EL CAMINO HACIA EL SANTUARIO LOS NIÑOS
LLORABAN, SUS LÁGRIMAS ERAN VISTAS COMO SIGNOS DE LLUVIAS
INMINENTES Y ABUNDANTES.

MARTES 5 DE JULIO DE 2022: LLORÉ EN TEOTIHUACAN, MÉXICO,
VISITANDO LAS PIRÁMIDES DEL SOL Y LA LUNA.

Lágrimas de Luna

EL ORO Y LA PLATA ERAN ELEMENTOS ESENCIALES Y PODEROSOS SÍMBOLOS QUE
UNÍAN A LOS INCAS CON EL COSMOS. EL ORO ESTABA CONECTADO CON EL SOL,
TAMBIÉN CONOCIDO EN EL MUNDO INCA COMO EL "SUDOR DEL SOL". LA ESPOSA DEL
SOL ERA "LA MADRE LUNA" Y ESTABA REPRESENTADA POR LA PLATA PORQUE SE
PENSABA QUE ESTE ELEMENTO PROVENÍA DE LAS LÁGRIMAS DE LA LUNA.

EN LA ANTIGUA CHINA SE HACÍAN ACTUACIONES DE LLANTO Y LAMENTO QUE ESTABAN ASOCIADAS CON EL DUELO POR LOS MUERTOS, CON LA PROTESTA Y LA CALMA DE LOS ESPÍRITUS. PERO MÁS ALLÁ DEL ARREBATO DE DOLOR, LOS ESPECTÁCULOS DE LLANTO ERAN APRECIADOS POR SUS ATRIBUTOS ESTÉTICOS Y TAMBIÉN COMO ENTRETENIMIENTO.

ADEMÁS DE REFERIRSE A ACTUACIONES DE LLANTO EN FUNERALES, EL TÉRMINO *KU* SE UTILIZABA PARA NOMBRAR UN ACTO PÚBLICO QUE IMPLICABA CANTOS Y REPRESENTACIONES DRAMÁTICAS DE PROFUNDA EMOCIÓN HUMANA.

LA SINCERIDAD EN LAS LÁGRIMAS HA SIDO CRUCIAL PARA MUCHAS RELIGIONES Y CULTURAS, YA SEA EN ORACIONES PRIVADAS O EN RITUALES COLECTIVOS.

EN JERUSALÉN, EL MURO DE LOS LAMENTOS ES UN LUGAR DE DEVOCIÓN DIVINA QUE EMANA PODER Y ENERGÍA, DONDE SE VALORAN Y ESPERAN LAS LÁGRIMAS.

DURANTE LA PEREGRINACIÓN ANUAL ISLÁMICA A LA MECA (HACH), LOS PEREGRINOS, LLAMADOS SUFÍES, DERRAMAN LÁGRIMAS QUE SE CONSIDERAN UN SIGNO DE LA AUTENTICIDAD DE SU EXPERIENCIA MÍSTICA.

LAS LÁGRIMAS COMENZARON A TENER TANTO PODER COMO SELLO DE VERDADERA FE QUE INCLUSO SE CREYÓ QUE ALGUNAS ESTATUAS RELIGIOSAS PODÍAN LLORAR.

LLORAR HACE BRILLAR

EL CORAZÓN.

— PROVERBIO
YIDIS

ESTUDIOS SOBRE LAS LÁGRIMAS

HAY INVESTIGACIONES SOBRE EL ORIGEN Y EL PORQUÉ
DE LAS LÁGRIMAS HUMANAS DESDE APROXIMADAMENTE EL 1500 A. C.
DURANTE MUCHO TIEMPO SE PENSÓ QUE LAS LÁGRIMAS SE GENERABAN DENTRO
DEL CORAZÓN. EN EL ANTIGUO TESTAMENTO, LAS LÁGRIMAS SE DESCRIBEN COMO
UNA CONSECUENCIA DEL CORAZÓN QUE LATE FUERTEMENTE, SE DISUELVE Y SE
CONVIERTE EN AGUA QUE SALE POR LOS OJOS.

DURANTE EL PERIODO CLÁSICO GRIEGO, HIPÓCRATES PENSABA QUE LA MENTE ERA LA DESENCADENANTE DE LAS LÁGRIMAS. EN CONSECUENCIA, DESCRIBIÓ EL LLANTO COMO "LOS HUMORES DEL CEREBRO". PARA LOS MÉDICOS HIPOCRÁTICOS, UNA DE LAS CURAS MÁS EFICACES CONTRA EL DESEQUILIBRIO DE LÍQUIDOS CORPORALES ERA LA PURGA MEDIANTE EL LLANTO.

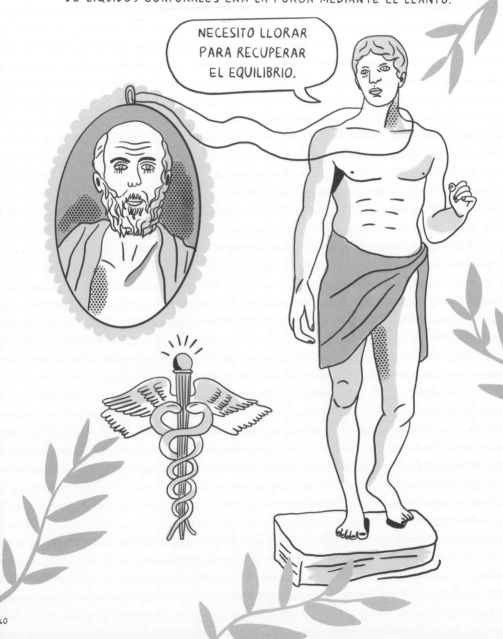

NECESITO LLORAR PARA RECUPERAR EL EQUILIBRIO.

DEL GRIEGO *KATHARSIS*, LA CATARSIS ES UNA LIBERACIÓN EMOCIONAL QUE PROPORCIONA RENOVACIÓN Y RESTAURACIÓN. UTILIZADA ORIGINALMENTE POR ARISTÓTELES EN LA *POÉTICA*, DONDE COMPARÓ LOS EFECTOS DE LA TRAGEDIA EN LA MENTE DEL ESPECTADOR CON SU IMPACTO EN EL CUERPO. EN PSICOLOGÍA, EL TÉRMINO SE ASOCIA AL PSICOANÁLISIS FREUDIANO Y SE RELACIONA ESPECÍFICAMENTE CON LA EXPRESIÓN DEL TRAUMA ENTERRADO. CUANDO LA CATARSIS TIENE ÉXITO TRAE UN TRAUMA A LA CONCIENCIA Y LO BORRA, LO QUE RESULTA EN UN CAMBIO POSITIVO.

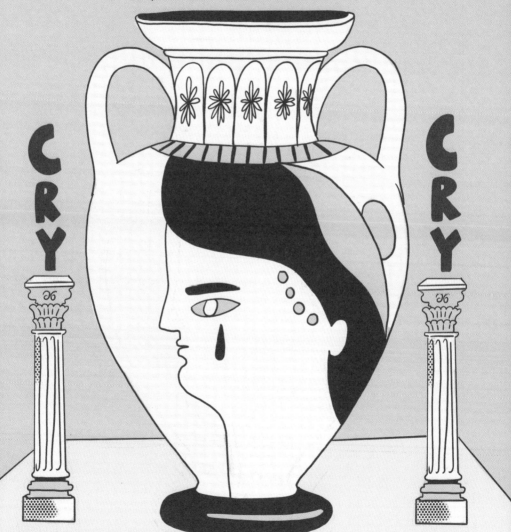

 VIERNES 14 DE MAYO DE 2021: LLORÉ EN TERAPIA, UN CLÁSICO.

¿CÓMO ESTÁS?

¿SENTÍS CANSANCIO?

¿SENTÍS QUE EL TIEMPO VA DEMASIADO RÁPIDO?

PODRÍAS DORMIR UNA SIESTA

DESPUÉS DE UN BUEN LLANTO.

SACALO TODO PARA AFUERA

LIBERAR LA TENSIÓN EMOCIONAL CON LÁGRIMAS ES COMO DESINFECTAR UN CORTE. LIMPIAR UNA HERIDA ABIERTA CON AGUA PUEDE DOLER MUCHO. PERO CUANTO ANTES LA LAVES, MÁS RÁPIDO SANARÁ.

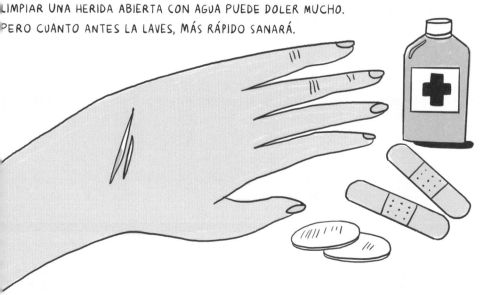

EN 2015 COMENCÉ A HACER MEDITACIÓN TRASCENDENTAL. MI INTRODUCCIÓN A LA M. T., UNA TÉCNICA QUE IMPLICA EL USO DE UN MANTRA EN SILENCIO, FUE A TRAVÉS DE UN INSTRUCTOR TITULADO. PASÉ CINCO DÍAS EN SU CASA APRENDIENDO A PRACTICARLA, Y CADA VEZ QUE MEDITÁBAMOS LLORABA LO QUE PARECÍAN SER LÁGRIMAS IRREALES. MI INSTRUCTOR DIJO QUE ESTABA LIBERANDO VIEJAS TENSIONES DEL PASADO, QUE INCLUSO PODRÍAN SER GENERACIONALES. RESULTA QUE LLORAR MIENTRAS SE MEDITA PUEDE SER MUY COMÚN.

DURANTE LA EDAD MEDIA LAS LÁGRIMAS ERAN CONSIDERADAS UN FLUIDO POTENTE Y EFICAZ: PODÍAN CURAR INFECCIONES Y LIBERAR ALMAS DEL PURGATORIO, ACREDITAR SANTIDAD E IDENTIFICAR FALSEDAD. INFINITAS LÁGRIMAS FUERON DERRAMADAS EN AMOROSA DEVOCIÓN Y CONEXIÓN ESPIRITUAL CON SANTAS FIGURAS. TAMBIÉN FUERON ASOCIADAS CON LA DIVINIDAD Y LA LIMPIEZA DE AGENTES QUE OSCURECEN EL ALMA.

EL LIBRO DE LA MEDICINA SAGRADA —ESCRITO POR ENRIQUE DE GROSMONT EN 1354— OFRECÍA UNA RECETA PARA UN BÁLSAMO MÁGICO Y MILAGROSO, UN CONCENTRADO QUE MEZCLABA LA SANGRE DE CRISTO Y LAS LÁGRIMAS DE MARÍA EN UNA ESPECIE DE AGUA DE ROSAS ESPIRITUAL. AL PARECER, ESTE LIMPIADOR DIVINO SANABA EL CUERPO, LA MENTE Y EL ALMA.

 JUEVES 9 DE MARZO DE 2023: VI MI CORAZÓN POR PRIMERA VEZ. EL TÉCNICO DE ULTRASONIDO DIJO "ES HERMOSO", Y LLORÉ.

EN DIFERENTES TRADICIONES FOLCLÓRICAS, LAS LÁGRIMAS DE SIRENA SE CONVIERTEN EN HERMOSAS PERLAS BRILLANTES.

UN OCÉANO DE LÁGRIMAS BRILLANTES

LUNES 8 DE FEBRERO DE 2021: LLORÉ LÁGRIMAS NOSTÁLGICAS MIENTRAS ESCRIBÍA EN MI DIARIO SOBRE EL PASADO.

LÁGRIMAS DE AMOR

UNA TEORÍA DEL SIGLO XVII DECLARABA QUE LAS EMOCIONES PODEROSAS, COMO EL AMOR, CALENTABAN EL CORAZÓN. EL ÓRGANO DE BOMBEO GENERABA VAPOR DE AGUA PARA QUE PUDIERA ENFRIARSE.

EL VAPOR DEL CORAZÓN SE ELEVA A LA CABEZA

SE CONDENSA CERCA DE LOS OJOS

Y ESCAPA EN FORMA DE LÁGRIMAS.

CONTENEDORES DE LÁGRIMAS

LOS LACRIMATORIOS O BOTELLAS DE LÁGRIMAS TIENEN UNA HISTORIA QUE DATA DEL 400 A. C. ESTOS RECEPTÁCULOS DE BOLSILLO ERAN CONTENEDORES DE VIDRIO ADORNADOS, QUE ALBERGABAN LÁGRIMAS DE AMOR, ALEGRÍA, CONDOLENCIA Y RECUERDO.

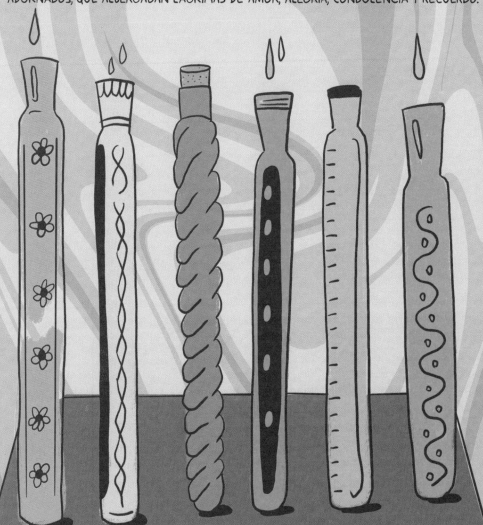

LAS BOTELLAS DE LÁGRIMAS RESURGIERON Y SE HICIERON MUY POPULARES DURANTE LA ERA VICTORIANA. LAS PERSONAS QUE LLORABAN LA PÉRDIDA DE SUS SERES QUERIDOS RECOGÍAN SUS LÁGRIMAS EN ELLAS, DONDE SE IBAN EVAPORANDO, Y CUANDO FINALMENTE DESAPARECÍAN, EL PERIODO DE DUELO SE DABA POR TERMINADO.

DURANTE SIGLOS, EL LLANTO FUE UN ELEMENTO DIGNO DE ADMIRACIÓN EN DIFERENTES CULTURAS. HOMBRES Y MUJERES SE FORZARON A LLORAR EN PÚBLICO CON LA ESPERANZA DE IMPRESIONAR A OTRAS PERSONAS.

HOY, LA MAYORÍA DE LAS PERSONAS AFIRMAN SENTIRSE INCÓMODAS ANTE LAS LÁGRIMAS AJENAS, AUNQUE RECONOCEN QUE ALGO MUY SENSIBLE ESTÁ SUCEDIENDO. ENTONCES, SI LAS LÁGRIMAS SON UNA LIBERACIÓN DE TOXINAS PSICOLÓGICAS Y TAMBIÉN PUEDEN EXPRESAR AMOR PURO, ¿POR QUÉ LES TENEMOS TANTO MIEDO?

El Tiempo
(De llorar)

ÚLTIMAS NOTICIAS.
LOS HUMANOS LLORAN DESDE HACE
MILES DE AÑOS.

DE LUTO POR ISIS,
332–30 A. C. EGIPTO.

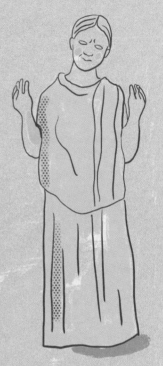

ESTATUA DE UNA MUJER
EN DUELO, 300–275 A. C.
GRECIA.

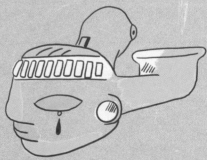

NIÑO AZTECA LLORANDO,
JARRA SILBATO. 1000–1400

LA MAGDALENA LLORANDO, CIRCA 1525.

MUJER VICTORIANA LLORANDO, 1880.

UN FRANCÉS DERRAMA LÁGRIMAS DE DOLOR, 1940.

MEME DE LLORAR, 2020.

LÁGRIMAS DE
COCODRILO

CUANDO CRECÉS EN EL HEMISFERIO SUR, CELEBRÁS LA NAVIDAD DURANTE EL VERANO. UNA NOCHEBUENA, CUANDO TENÍA ONCE AÑOS, MI PADRE SE ESTABA PREPARANDO PARA COCINAR NUESTRO TRADICIONAL ASADO DE NAVIDAD. YO QUERÍA IR A DAR UNA VUELTA EN BICICLETA CON MI VECINA. MI PAPÁ NO ME DEJÓ SALIR Y ME PIDIÓ QUE ME DUCHARA Y ME VISTIERA PARA LA CENA FAMILIAR. FRUSTRADA, ME ENCERRÉ EN MI HABITACIÓN Y PASÉ EL RESTO DE LA NOCHE LLORANDO.

LLORÉ LÁGRIMAS FALSAS. GRITÉ TAN FUERTE COMO PUDE. QUERÍA LLAMAR SU ATENCIÓN PARA QUE SUPIERA QUE MI SUFRIMIENTO HABÍA SIDO POR SU CULPA. ME QUEDÉ DORMIDA, AGOTADA DE TANTO LLORAR Y SIN CENAR. A LA MAÑANA SIGUIENTE, MI PAPÁ ME DESPERTÓ CON UN BESO Y UN PLATO DE SOBRAS COMO SI NADA HUBIESE PASADO.

IDENTIFICAMOS LAS LÁGRIMAS DE COCODRILO CON UNA FORMA DE TRISTEZA
SUPERFICIAL, FALSAS LÁGRIMAS QUE SON UNA MUESTRA DE FALSA EMOCIÓN.
LA EXPRESIÓN DERIVA DE UNA ANTIGUA IDEA DE QUE LOS
COCODRILOS DERRAMAN LÁGRIMAS MIENTRAS CONSUMEN A SUS PRESAS,
Y LA ENCONTRAMOS EN MUCHAS LENGUAS Y CULTURAS MODERNAS.

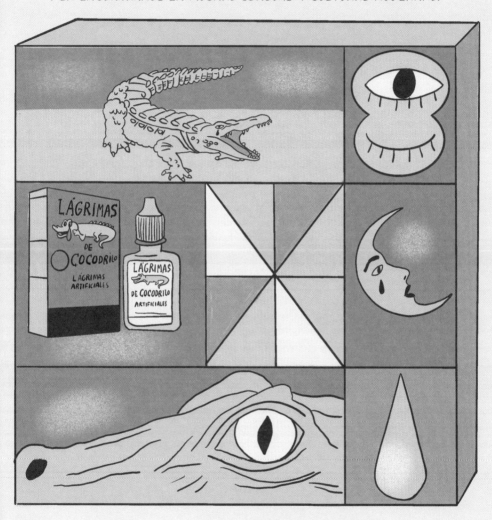

LOS COCODRILOS LLORAN PARA LUBRICARSE LOS OJOS, GENERALMENTE
DESPUÉS DE ESTAR FUERA DEL AGUA POR UN LARGO TIEMPO Y SUS OJOS
EMPIEZAN A SECARSE.

LÁGRIMAS E IDEAS

ALGUNOS ESCRITORES DEL SIGLO XVIII EXPLORARON LA RELACIÓN ENTRE EL LLANTO Y LA SINCERIDAD. EN SU OBRA FILOSÓFICA, JEAN-JACQUES ROUSSEAU EXPLICA CÓMO LAS EMOCIONES EN LA CULTURA SON IMITACIONES DE LAS EMOCIONES PRIMITIVAS QUE LAS PERSONAS SIENTEN EN SU ESTADO MÁS NATURAL, SIN ADULTERAR Y DE CORAZÓN.

MÁS RECIENTEMENTE, ROLAND BARTHES ESCRIBIÓ: "AL LLORAR, QUIERO IMPRESIONAR A ALGUIEN, PRESIONAR A ALGUIEN. ME PONGO A LLORAR PARA DEMOSTRARME QUE MI DOLOR NO ES UNA ILUSIÓN: LAS LÁGRIMAS SON SIGNOS, NO EXPRESIONES. POR MEDIO DE MIS LÁGRIMAS CUENTO UNA HISTORIA, CREO UN MITO DEL DOLOR Y DESDE ESE MOMENTO ME ACOMODO EN ÉL: PUEDO VIVIR CON ÉL, PORQUE AL LLORAR, ME DOY UN INTERLOCUTOR ENFÁTICO QUE RESUME EL MÁS 'VERDADERO' DE LOS MENSAJES, EL DE MI CUERPO, NO EL DE MI LENGUA: ¿QUÉ SON LAS PALABRAS? UNA LÁGRIMA DIRÁ MÁS".*

* ROLAND BARTHES, *Fragmentos de un discurso amoroso*

UNA LÁGRIMA VALE MÁS QUE MIL PALABRAS

SHAKESPEARE UTILIZÓ A MENUDO LA INTERESANTE IDEA DE LAS LÁGRIMAS FALSAS EN SU OBRA. LAS PALABRAS "LLORAR" O "LÁGRIMAS" APARECEN MÁS DE 600 VECES EN SUS TEXTOS, CASI SIEMPRE ALUDIENDO A ALGUIEN QUE LLORA LÁGRIMAS FALSAS PARA LLAMAR LA ATENCIÓN DE OTRA PERSONA. EN *OTELO*, POR EJEMPLO, HAY ALGUNOS PASAJES EN LOS QUE EL PERSONAJE PRINCIPAL SE CONVENCE DE QUE SU ESPOSA LO ESTÁ ENGAÑANDO Y QUE ELLA FINGE EL LLANTO.

SI LA TIERRA PUDIERA FECUNDARSE CON LÁGRIMAS DE MUJER, CADA GOTA QUE VIERTES SE CONVERTIRÍA EN UN COCODRILO.

EMOCIONARSE AL VER QUE ALGUIEN MÁS LLORA LÁGRIMAS FALSAS PUEDE HACERNOS PRESTAR ATENCIÓN A NUESTROS PROPIOS CONFLICTOS, ASPIRACIONES Y DESEOS.

 MIÉRCOLES 22 DE SEPTIEMBRE DE 2021: LLORÉ EN BROADWAY, VIENDO *AMERICAN UTOPIA* DE DAVID BYRNE.

CONTRATADAS POR SUS LÁGRIMAS

LAS PLAÑIDERAS SON MUJERES CONTRATADAS PARA LLORAR EN LOS FUNERALES. LA PRÁCTICA DEL DUELO PROFESIONAL SE REMONTA A LOS TIEMPOS ANTIGUOS EN EGIPTO, CHINA Y ORIENTE PRÓXIMO.

EN LAS CULTURAS ORIENTALES, LA PLAÑIDERA CONTRATADA DESEMPEÑA UN PAPEL CATÁRTICO ESPECÍFICO PARA LOS FAMILIARES Y LOS AMIGOS DEL FALLECIDO.

EN ALGUNOS PUEBLOS REMOTOS DE GRECIA E ITALIA, TODAVÍA SE CONTRATA A MUJERES ANCIANAS NO SOLO PARA QUE LLOREN A PERSONAS QUE NO CONOCEN, SINO TAMBIÉN PARA CANTAR MIENTRAS ACOMPAÑAN A LA FAMILIA EN LOS MOMENTOS FINALES CON SU SER QUERIDO. LAS CANCIONES QUE INTERPRETAN VUELVEN A CONTAR O IMPROVISAN LA HISTORIA DE VIDA DEL MUERTO.

EN INGLATERRA TODAVÍA SE PUEDE CONTRATAR
A PERSONAS QUE LLOREN PROFESIONALMENTE A
TRAVÉS DE EMPRESAS COMO RENT-A-MOURNER,
QUE PAGA A ACTORES PARA INTERPRETAR
A PRIMOS O TÍOS LEJANOS, Y ASÍ AYUDAN
A LAS FAMILIAS A AUMENTAR EL NÚMERO DE
INVITADOS AL FUNERAL. EL PAQUETE COMPLETO
PARA DUELO INCLUYE MEZCLARSE CON LA MULTITUD
E INCITAR A LAS PERSONAS A HABLAR Y LLORAR.
EL TRABAJO DEL ACTOR ES ANIMAR A LOS
ASISTENTES A COMPARTIR HISTORIAS, LLORAR Y
LOGRAR UN CIERRE RECONFORTANTE.

RENT-A-
MOURNER

LLORAMOS
CON USTEDES

RENT-A-
MOURNER

RENT-A-
MOURNER

LLORAMOS
CON USTEDES

RENT-A-
MOURNER

LLORAMOS
CON USTEDES

RENT-A-
MOURNER

LLORAMOS
CON USTEDES

EN 2016, LA ARTISTA TARYN SIMON LLEVÓ A MANHATTAN A 30 PERSONAS QUE SE DEDICABAN A LLORAR PROFESIONALMENTE. VIAJARON DESDE BURKINA FASO, CAMBOYA, RUSIA, VENEZUELA Y OTRAS PARTES DEL MUNDO PARA ACTUAR EN SU OBRA DE ARTE MULTIDISCIPLINAR, "UNA OCUPACIÓN DE LA PÉRDIDA". LA INSTALACIÓN DE SIMON TRABAJÓ SOBRE LA ANATOMÍA DEL DUELO Y LOS INTRINCADOS SISTEMAS QUE UTILIZAMOS PARA GESTIONARLO, LOS AZARES DEL DESTINO Y LA INCERTIDUMBRE DEL UNIVERSO.

UNA OCUPACIÓN DE LA PÉRDIDA

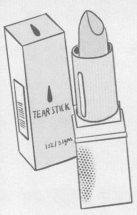

LÁGRIMAS NATURALES AL INSTANTE
LA FÓRMULA CON MENTOL DE "TEAR STICK" LIBERA VAPORES AL ENTRAR EN CONTACTO CON EL CALOR DE LA PIEL, LO QUE HACE QUE SE FORMEN LÁGRIMAS NATURALES. ES PERFECTO PARA ACTORES Y ACTRICES.

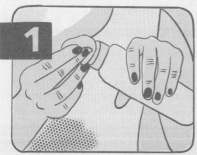

1 LIMPIAR LA PIEL JUSTO DEBAJO DEL OJO CON UN LIMPIADOR FACIAL O DESMAQUILLADOR.

2 APLICAR EL PRODUCTO EN LA PIEL DE ALREDEDOR, A UNOS 15 MM DEBAJO DEL OJO.

3 LA TEMPERATURA DE LA PIEL CALENTARÁ LA CERA, LIBERANDO VAPORES DE MENTOL Y CAUSANDO LA CAÍDA DE LÁGRIMAS REALES Y NATURALES.

4 APLICAR VARIAS CAPAS PARA UN EFECTO MÁS FUERTE. QUITAR CON JABÓN Y AGUA, LIMPIADOR FACIAL O DESMAQUILLADOR.*

MIÉRCOLES 1 DE ABRIL DE 2020: LLORÉ CORTANDO UNAS CEBOLLAS Y APROVECHÉ LA OPORTUNIDAD PARA LLORAR POR OTRAS COSAS.

*La información sobre cosméticos que provocan lágrimas que aparece en este libro no pretende ser un consejo ni una recomendación sobre el uso de ningún producto.

SI TE RESULTA IMPOSIBLE LLORAR, LAS "INSTRUCCIONES PARA LLORAR" DE JULIO CORTÁZAR RECOMIENDAN IMAGINAR UN PATO CUBIERTO DE HORMIGAS O MASAS DE AGUA POR LAS QUE JAMÁS NAVEGA NADIE.

MIS PROPIAS INSTRUCCIONES PARA LLORAR:

MIRÁ *TITANIC* MIENTRAS COMÉS COMIDA MUY PICANTE.

AGARRÁ UNA BICICLETA Y BAJÁ POR UN PUENTE A MÁXIMA VELOCIDAD.

ANDÁ A LA ESTACIÓN MÁS CERCANA Y ESPERÁ EL TREN A LAS 2 A. M. UNA NOCHE FRÍA DE INVIERNO.

DEJÁ TU TELÉFONO EN CASA Y HACÉ LA FILA EN LA OFICINA DE CORREOS LA SEMANA ANTES DE NAVIDAD.

ANDÁ AL PARQUE Y QUEDATE
EN POSICIÓN FETAL POR 2 HORAS.

MANTENÉ LOS OJOS BIEN ABIERTOS
LA MAYOR CANTIDAD
DE TIEMPO POSIBLE.

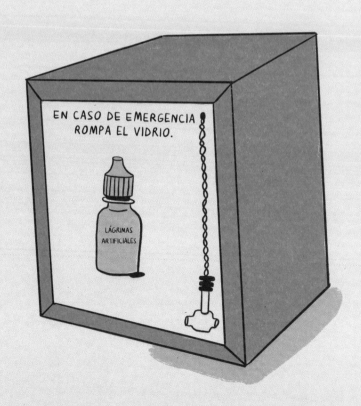

EN ESCENAS DRAMÁTICAS, LOS CINEASTAS PUEDEN EXIGIR A LOS ACTORES QUE DERRAMEN LÁGRIMAS REALES PARA TRANSMITIR EMOCIONES INTENSAS Y AUTÉNTICAS. UNA TÉCNICA QUE UTILIZAN LOS ACTORES ES LA "MEMORIA EMOTIVA", EN LA QUE EXPERIMENTAN LAS MISMAS EMOCIONES QUE SUS PERSONAJES APROVECHANDO SUS PROPIOS RECUERDOS O MEDIANTE UN PROFUNDO SENTIDO DE LA EMPATÍA. CURIOSAMENTE, ESTA EMOCIÓN NO TIENE POR QUÉ SER PROVOCADA SOLO POR SU PERSONAJE; ALGO NO RELACIONADO QUE EL ACTOR VIO O LEYÓ PODRÍA EVOCAR LA EMOCIÓN DEL PERSONAJE INCLUSO MEJOR QUE EL GUION.

EL ACTOR ATRAE ESTAS "LÁGRIMAS DE COCODRILO" AL PENSAR EN ALGO TRISTE, COMO LA MUERTE DE UN SER QUERIDO O UN TRAUMA INFANTIL. ESTE MÉTODO FUE INTRODUCIDO POR PRIMERA VEZ POR KONSTANTÍN STANISLAVSKI.

HACIA EL FINAL DE SU VIDA Y SU CARRERA, STANISLAVSKI EMPEZÓ A
DESCONFIAR DE LA MEMORIA EMOTIVA. EL MÉTODO RESULTA AGOTADOR Y PUEDE
TENER EFECTOS SECUNDARIOS NEGATIVOS SI EL ACTOR INVOCA MALOS
RECUERDOS SIN AYUDA DE UN TERAPEUTA U ORIENTADOR. EL MÉTODO STANISLAVSKI
PIDE QUE NO "ASALTES AL SUBCONSCIENTE". PREFIERE USAR RECUERDOS DEL PASADO
ANTES QUE SITUACIONES PRESENTES, YA QUE SE CONTROLAN MÁS FÁCILMENTE.

STANISLAVSKI ROGÓ A LOS ACTORES QUE TAMBIÉN INTENTARAN RECORDAR
LOS BUENOS TIEMPOS.

UNA VARIANTE DE LA MEMORIA EMOTIVA ES LA "MEMORIA SENSORIAL", IMPLANTADA
POR LEE STRASBERG. ESTA SE INSPIRA EN EL MÉTODO STANISLAVSKI PERO
RECLAMA QUE LOS ACTORES SE TOMEN TIEMPO PARA RECORDAR CADA PEQUEÑO
DETALLE DE SU EMOCIÓN. DEBEN REMEMORARLO TODO, NO SOLO LA EMOCIÓN,
SINO LO QUE ESCUCHARON, SUPIERON, TOCARON, OLIERON Y VIERON
MIENTRAS LA SENTÍAN.

 MIÉRCOLES 16 DE DICIEMBRE DE 2020: LLORÉ MIENTRAS MIRABA
UN VIEJO VIDEO MÍO EN EL QUE ESTABA LLORANDO.

CERRÁ LOS OJOS Y...

MIRÁ:

* LA CARA DE TUS PADRES, CON LUJO DE DETALLE.

* LA ROPA QUE USASTE PARA TU PRIMERA FIESTA.

* UN CIELO ESTRELLADO, EN UNA NOCHE DE VERANO DE TU INFANCIA.

ESCUCHÁ:

* LA LLUVIA CONTRA LA VENTANA.

* LAS OLAS DEL MAR, QUE VIENEN Y VAN.

* LA VOZ DE TU MEJOR AMIGO.

OLÉ:

* EL HUMO DE UNA FOGATA.

* PAN RECIÉN SALIDO DEL HORNO.

SABOREÁ:

* HELADO.

* TOSTADAS CON MANTECA.

SENTÍ:

* UNA TAZA DE TÉ CALIENTE EN TUS MANOS.

* UNA PLUMA QUE TE ACARICIA LA MEJILLA.

¿LLORASTE PARA DENTRO?

LA PRIMERA VEZ QUE LLORÉ VIENDO UNA PELÍCULA FUE EN 1994 CON
MI PRIMER BESO (MY GIRL). EN ESTA PELÍCULA DE INICIACIÓN, LA
PROTAGONISTA, UNA NIÑA LLAMADA VADA, SE HACE AMIGA DE THOMAS,
UN NIÑO POCO POPULAR QUE ES ALÉRGICO A TODO. PASAN EL VERANO
JUNTOS Y SE PREGUNTAN CÓMO SERÁ UN PRIMER BESO MIENTRAS ESTÁN
SENTADOS BAJO UN SAUCE. VADA PIERDE SU ANILLO FAVORITO
EN EL BOSQUE. UNOS DÍAS DESPUÉS THOMAS REGRESA AL SAUCE
PARA BUSCAR EL ANILLO, Y ALLÍ DERRIBA UNA COLMENA,
LO PICAN MILES DE ABEJAS Y MUERE.

VADA LLORA POR SU AMIGO QUE SE FUE Y TAMBIÉN POR SU INFANCIA. AL FINAL
DE LA PELÍCULA, ESTABA TAN DESTROZADA POR ELLA QUE LLORÉ TODA LA NOCHE.
SENTÍ QUE LAS LÁGRIMAS ERAN COMO UN PEGAMENTO, QUE VOLVÍAN A PEGAR MI CORAZÓN.

 LUNES 17 DE FEBRERO DE 2020: ESTA SEMANA LLORÉ VIENDO *MI PRIMER BESO
(MY GIRL)*, ME HIZO LLORAR TANTO COMO LA PRIMERA VEZ QUE LA VI.

EL KINTSUGI ES EL ARTE JAPONÉS DE REPARAR CERÁMICA UNIENDO LAS PIEZAS ROTAS CON PEGAMENTO MEZCLADO CON ORO, PLATA O PLATINO EN POLVO. ASÍ, LAS GRIETAS SE DESTACAN EN LUGAR DE OCULTARSE.

A VECES LLORAR REPARA EL CORAZÓN Y LAS LÁGRIMAS ACTÚAN COMO UN METAL PRECIOSO.

EL VERANO QUE SE ESTRENÓ LA PELÍCULA *TITANIC*, YO TENÍA DOCE AÑOS Y ME ENAMORÉ
PERDIDAMENTE DE LEONARDO DICAPRIO. FUI A VERLO AL CINE MÁS DE SIETE VECES,
Y CADA VEZ QUE SU PERSONAJE MORÍA SE ME FORMABA UN GRAN NUDO EN LA
GARGANTA Y LAS COMPUERTAS DE MIS LÁGRIMAS SE ABRÍAN DE PAR EN PAR. MIS OJOS SE
TRANSFORMARON EN DOS FUENTES, NO PODÍA DEJAR DE LLORAR POR LA MUERTE
DE JACK Y EL HECHO DE QUE NUNCA PODRÍA CONOCER
A LEO DICAPRIO EN PERSONA.

AÑOS DESPUÉS VI A LEONARDO DICAPRIO EN EL ELECTRIC ROOM, UN BAR DE
NUEVA YORK, EN LA NOCHE DE MI CUMPLEAÑOS NÚMERO 27. NO LLORÉ.

UN ESTUDIO HA DEMOSTRADO QUE LA CAPACIDAD DE LLORAR CON LA FICCIÓN REQUIERE UNA FUERZA EMOCIONAL REALMENTE EXTRAORDINARIA. ES UNA EXPERIENCIA DE ENORME EMPATÍA, DURANTE LA CUAL NOS SUMERGIMOS EN LOS SENTIMIENTOS DE OTROS Y, AUNQUE NO SEAN PERSONAS REALES, DEMUESTRA LA PROFUNDIDAD DE NUESTRA CAPACIDAD EMOCIONAL.

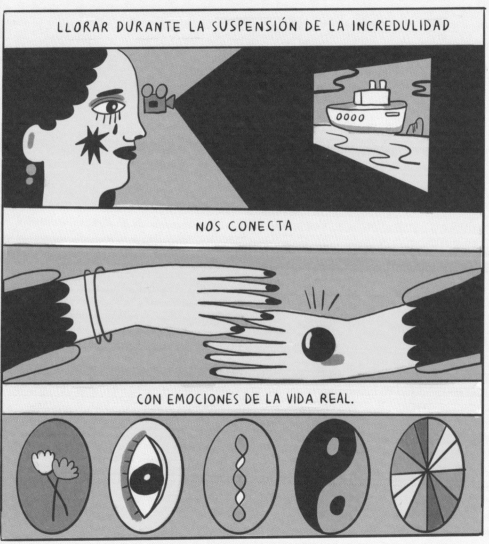

CONSUMIR HISTORIAS TRISTES NOS PERMITE EXPERIMENTAR TRISTEZA SIN ANSIEDAD, NOS HACE SENTIR MÁS AGRADECIDOS POR NUESTRAS RELACIONES CERCANAS Y NOS HACE PENSAR EN LO QUE ES VALIOSO Y SIGNIFICATIVO DE NUESTRAS PROPIAS VIDAS.

PELÍCULAS PARA MIRAR CUANDO NECESITÁS UN BUEN LLANTO

TIENES UN E-MAIL: LA DUEÑA DE UNA LIBRERÍA-BOUTIQUE EN PROBLEMAS, KATHLEEN KELLY (MEG RYAN), ODIA A JOE FOX (TOM HANKS), EL DUEÑO DE UNA CADENA DE LIBRERÍAS QUE ACABA DE MUDARSE AL OTRO LADO DE LA CALLE. SIN EMBARGO, CUANDO SE ENCUENTRAN ANÓNIMAMENTE ONLINE, COMIENZAN UN INTENSO ROMANCE EN INTERNET, SIN CONOCER LA VERDADERA IDENTIDAD DE CADA UNO. AL FINAL SE DAN CUENTA DE QUE SON RIVALES EN LOS NEGOCIOS.

* LLORÓMETRO 82%

* ESTA PELÍCULA TE HARÁ LAGRIMEAR MIENTRAS IDENTIFICÁS LOS MECANISMOS QUE CONTRIBUYEN A LA CONSTRUCCIÓN DEL AMOR ROMÁNTICO.

FANTASÍA: ES UNA PELÍCULA MUSICAL ANIMADA DE LOS AÑOS 40 PRODUCIDA Y COMERCIALIZADA POR WALT DISNEY PRODUCTIONS. CONSTA DE OCHO SECUENCIAS ANIMADAS CON PIEZAS DE MÚSICA CLÁSICA, Y ESTÁ DIRIGIDA POR LEOPOLD STOKOWSKI.

* LLORÓMETRO 88%

* TUS LABIOS VAN A TEMBLAR MIENTRAS LLORÁS LÁGRIMAS NOSTÁLGICAS Y MUY CLÁSICAS.

QUÉDATE A MI LADO: ESTE DRAMA ROMPECORAZONES DE LOS AÑOS 90 SIGUE LA HISTORIA DE ISABEL (JULIA ROBERTS), QUE INTENTA FORMAR UN VÍNCULO CON LOS DOS HIJOS DE SU NUEVO ESPOSO. MIENTRAS COMPITE CON LA FUTURA MADRASTRA DE SUS HIJOS, JACKIE HARRISON (SUSAN SARANDON), LUCHA POR SUPERAR UN CÁNCER. A LO LARGO DE ESTE VIAJE DE DOLOR, AMOR Y PÉRDIDA, AMBAS MUJERES DEBEN APRENDER A UNIRSE PARA APOYAR A LOS NIÑOS Y A LA FAMILIA.

* LLORÓMETRO 100%

* VAS A NECESITAR VARIAS CAJAS DE PAÑUELOS Y UNA LLAMADA TELEFÓNICA A ALGUNO DE TUS SERES QUERIDOS DESPUÉS DE VERLA.

EL VIAJE DE CHIHIRO: ESTA PELÍCULA SIGUE LA TRANSFORMACIÓN DEL PERSONAJE PRINCIPAL, CHIHIRO, EN UNA PERSONA MÁS FUERTE Y MADURA, MIENTRAS SE VE OBLIGADA A SOBREVIVIR EN UN MUNDO COMPLETAMENTE EXTRAÑO PARA ELLA. EL VIAJE RESULTA FANTÁSTICO Y DESAFIANTE, A MEDIDA QUE CHIHIRO SE ENFRENTA A FUERZAS INTENSAMENTE ATERRADORAS Y SE HACE MÁS PODEROSA.

* LLORÓMETRO 86%

* UN RECORDATORIO ANIMADO Y LACRIMÓGENO SOBRE LO CONFUSO QUE ES CRECER.

BAILANDO EN LA OSCURIDAD: UNA INMIGRANTE CHECA LLAMADA SELMA (BJÖRK) ES MADRE SOLTERA Y TRABAJA EN UNA FÁBRICA EN EL ESTADOS UNIDOS RURAL. SU ÚNICO ESCAPE ES SU PASIÓN POR LA MÚSICA, EN CONCRETO LAS CANCIONES DE MUSICALES CLÁSICOS DE HOLLYWOOD. SELMA TIENE UN TRISTE SECRETO: ESTÁ PERDIENDO LA VISTA Y SU HIJO GENE CORRERÁ LA MISMA SUERTE SI NO PUEDE AHORRAR SUFICIENTE DINERO PARA PAGAR SU OPERACIÓN.

* LLORÓMETRO 97%
* JUSTO CUANDO PENSABAS QUE HABÍAS TERMINADO DE LLORAR, TE VA A HACER SOLLOZAR DE NUEVO.

LADRÓN DE BICICLETAS: ESTA PELÍCULA RETRATA A UNA FAMILIA POBRE QUE LUCHA POR SOBREVIVIR. EL PADRE FINALMENTE CONSIGUE UN TRABAJO PEGANDO CARTELES, PERO UNOS LADRONES LE ROBAN SU BICICLETA. ACOMPAÑADO DE SU HIJO, ANTONIO HARÁ TODO LO POSIBLE POR ENCONTRAR LA BICI.

* LLORÓMETRO 95%
* ESTA PELÍCULA SOBRE LA REALIDAD COTIDIANA DE LA POSGUERRA TE VA A HACER LLORAR LÁGRIMAS NEORREALISTAS.

HAROLD Y MAUDE: UN EXCÉNTRICO CHICO DE VEINTE AÑOS OBSESIONADO CON EL SUICIDIO Y UNA ENCANTADORA E INUSUAL SEÑORA DE OCHENTA AÑOS SE ENCUENTRAN EN UN FUNERAL Y MANTIENEN UNA RELACIÓN ROMÁNTICA TABÚ, EN LA QUE EXPLORAN EL SIGNIFICADO DE LA VIDA.

* LLORÓMETRO 90%
* VAS A LLORAR LÁGRIMAS FILOSÓFICAS.

PEQUEÑA MAMÁ: NELLY, UNA NIÑA DE OCHO AÑOS, ACABA DE PERDER A SU QUERIDA ABUELA Y ESTÁ AYUDANDO A SUS PADRES A LIMPIAR LA CASA DE LA INFANCIA DE SU MADRE. UN DÍA, SU MADRE SE VA ABRUPTAMENTE Y NELLY CONOCE A UNA NIÑA DE SU EDAD MIENTRAS ESTÁ CONSTRUYENDO UNA CASA EN UN ÁRBOL EN EL BOSQUE.

* LLORÓMETRO 92%
* REPENTINAMENTE, VAS A LLORAR EN FRANCÉS.

EL SONIDO DE LAS LÁGRIMAS

LLORAR CON MÚSICA ES AÚN MÁS MISTERIOSO QUE LLORAR CON PELÍCULAS. UN EXPERIMENTO FISIOLÓGICO DESCUBRIÓ QUE LAS CANCIONES QUE PRODUCEN ESCALOFRÍOS Y LÁGRIMAS DESENCADENAN UN PATRÓN DE RESPIRACIÓN MÁS INTENSO Y UNA SENSACIÓN DE PLACER. DURANTE EL ESTUDIO, UNA CANCIÓN QUE PROVOCÓ ESCALOFRÍOS SE PERCIBIÓ COMO FELIZ Y TRISTE A LA VEZ, MIENTRAS QUE UNA CANCIÓN QUE PROVOCÓ LÁGRIMAS SE ASOCIÓ CON LA TRISTEZA. SIN EMBARGO, LA MELODÍA QUE PROVOCÓ LÁGRIMAS SE PERCIBIÓ COMO MÁS CALMA Y SUAVE QUE LA CANCIÓN QUE PRODUJO ESCALOFRÍOS.

LUNES 28 DE DICIEMBRE DE 2020: LLORÉ ESCUCHANDO BOLEROS DE ARMANDO MANZANERO.

LA MÚSICA CLÁSICA, EN GENERAL, PRODUCE ESCALOFRÍOS Y LÁGRIMAS O UN "HORMIGUEO" CEREBRAL. ESCUCHAR ESTE TIPO DE MÚSICA PUEDE GENERAR UNA RESPUESTA FISIOLÓGICA RÁPIDA QUE ACTIVA E ILUMINA EL SISTEMA NERVIOSO PARASIMPÁTICO, ASÍ COMO LAS REGIONES DEL CEREBRO RELACIONADAS CON LA RECOMPENSA.

LOS ESTUDIOS DEMOSTRARON QUE ALREDEDOR DEL 25% DE LA POBLACIÓN EXPERIMENTA ESTA REACCIÓN EMOCIONAL. LA MÚSICA CLÁSICA EN ESCENARIOS PARTICULARES GENERA UNA MISTERIOSA, INESPERADA Y PODEROSA RESPUESTA EMOCIONAL, QUE PUEDE PROVOCAR LÁGRIMAS MELANCÓLICAS O DE ALEGRÍA.

EN TIEMPOS DIFÍCILES, ME PASÉ HORAS ESCUCHANDO A JONI MITCHELL EN BUCLE. EN LA CANCIÓN "BLUE", ELLA DICE: "LAS CANCIONES SON COMO TATUAJES". LAS LÁGRIMAS QUE LLORO CADA VEZ QUE ESCUCHO ESTAS PALABRAS LAS SIENTO COMO PINCHACITOS EN MIS MEJILLAS, LA CANCIÓN ES COMO UNA FLECHA QUE VA DIRECTAMENTE AL CORAZÓN.

DAVID BOWIE GRABÓ LA CANCIÓN "FIVE YEARS" MIENTRAS LLORABA. KEN SCOTT, EL COPRODUCTOR DE BOWIE, MENCIONÓ QUE EL MÚSICO LAGRIMEABA MIENTRAS TERMINABA SU INTERPRETACIÓN DEL PRIMER TRACK DEL ÁLBUM *THE RISE AND FALL OF ZIGGY STARDUST AND THE SPIDERS FROM MARS*. LA EMOCIÓN QUE LE PROVOCABA LA CANCIÓN ERA TAN INMENSA QUE AL FINAL DE LA TOMA ESTABA LLORANDO CON TODO SU CORAZÓN; HUBO ABUNDANTES LÁGRIMAS RODANDO POR SU CARA MIENTRAS GRABABA A LA PERFECCIÓN CADA NOTA.

PLAYLIST PARA LLORAR:

"CRYING" POR ROY ORBISON.

"HOMESICKNESS, Pt 2" POR TSEGUE-MARYAM GUEBROU.

"I FOUND A REASON" POR THE VELVET UNDERGROUND.

"ALFONSINA Y EL MAR" POR MERCEDES SOSA, ARIEL RAMÍREZ Y HÉCTOR ZEOLI.

"MOTHER NATURE'S SON" POR THE BEATLES.

"BALTIMORE" POR NINA SIMONE.

"LISTEN BEFORE I GO" POR BILLIE EILISH.

"ALL I COULD DO WAS CRY" POR ETTA JAMES.

"STRANGE FRUIT" POR BILLIE HOLIDAY.

"WHAT THE WORLD NEEDS NOW (IS LOVE)" POR DIONNE WARWICK.

"SOMEONE GREAT" POR LCD SOUNDSYSTEM.

"I THINK OF ANGELS" POR CAT POWER.

CRYING MIX TAPE

LÁGRIMAS LITERARIAS

LLORAR MIENTRAS SE LEE ES UNA ACTIVIDAD DELICADA; REALMENTE PODÉS MANCHAR Y DOBLAR LAS PÁGINAS DE UN LIBRO. UN LIBRO QUE TE HACE LLORAR ES UNA MANIFESTACIÓN DE TODAS LAS VIDAS POSIBLES QUE PODÉS VIVIR. PODEMOS CONVERTIRNOS EN ESOS PERSONAJES Y SUFRIR Y AMAR COMO ELLOS, VER EL MUNDO A TRAVÉS DE SUS OJOS.

ES UNA SENSACIÓN CELESTIAL

CUANDO UN LIBRO TE HABLA DIRECTAMENTE AL ALMA

Y LLORÁS LÁGRIMAS DE EMOCIÓN.

HAY UN LIBRO QUE DEFINITIVAMENTE ME LLEVARÍA A UNA ISLA DESIERTA: *MUJERCITAS* DE LOUISA MAY ALCOTT. LEÍ Y RELEÍ ESTA NOVELA PORQUE ME HACE SENTIR MUCHAS COSAS. LA HISTORIA SIGUE LA VIDA DE LAS CUATRO HERMANAS MARCH —MEG, JO, BETH Y AMY— Y DETALLA SU TRANSICIÓN DE LA INFANCIA A LA EDAD ADULTA. *MUJERCITAS* ME HIZO LLORAR UNA Y MIL VECES. ME SIENTO CONECTADA A LAS CUATRO HERMANAS DE MANERAS MUY DIFERENTES, A TRAVÉS DE LA INTIMIDAD FAMILIAR, LA VIDA LABORAL Y EL AMOR VERDADERO. TODOS SUS DISTINTOS RASGOS DE PERSONALIDAD FUERON ELEMENTOS NECESARIOS EN EL DESCUBRIMIENTO DE MI PROPIA IDENTIDAD.

LÁGRIMAS INCONSOLABLES LLEGAN A MIS OJOS CADA VEZ QUE SE MUERE BETH MARCH. MI GARGANTA SE CIERRA Y EMPIEZAN A PRECIPITARSE LÁGRIMAS GRANDES Y FUERTES, COMO UNA TORMENTA DE NIEVE NOSTÁLGICA DEL ALMA.

EN EL SIGLO XVIII, LA NOVELA SURGIÓ COMO UNA FORMA POPULAR DE NARRAR HISTORIAS. LLORAR MIENTRAS SE LEÍA ERA UNA MANERA EN LA QUE EL LECTOR MOSTRABA SU SENSIBILIDAD Y SU CONEXIÓN CON LA HISTORIA. LAS NOVELAS SENTIMENTALES, REPLETAS DE ESCENAS TIERNAS Y TURBADORAS, DIERON A LOS LECTORES LA OPORTUNIDAD DE AHONDAR EN SUS SENTIMIENTOS MÁS PROFUNDOS.

ESTAS LÁGRIMAS LITERARIAS DEMOSTRARON LA CAPACIDAD DEL LECTOR DE TENER EMPATÍA CON EL SUFRIMIENTO DE LOS DEMÁS.

EL ESCRITOR JEAN-JACQUES ROUSSEAU SOLÍA RECIBIR CARTAS DE SUS LECTORES QUE HABLABAN DE CÓMO LLORABAN CON ALGUNAS DE SUS FAMOSAS NOVELAS SENTIMENTALES, COMO *JULIA, O LA NUEVA ELOÍSA*.

ALGUNAS DE ESTAS CARTAS DECÍAN:

"HAY QUE DECIRLE QUE UNO SE AHOGA DE EMOCIÓN Y LLANTO".

"NUNCA HE LLORADO TANTAS DELICIOSAS LÁGRIMAS".

"CREO VERDADERAMENTE QUE HE DERRAMADO UNA PINTA DE LÁGRIMAS".

DURANTE EL SIGLO XIX, EL SIGNIFICADO LITERARIO DE LAS LÁGRIMAS SE AMPLIÓ EN DOS DIRECCIONES. ALGUNOS AUTORES QUERÍAN EVOCAR MÁS "PROFUNDIDAD" EN LAS RESPUESTAS EMOCIONALES DE LOS LECTORES. LOS SENTIMENTALISTAS VICTORIANOS, COMO DICKENS, ESCRIBIERON ESCENAS TRÁGICAS, QUE A MENUDO GIRABAN EN TORNO A LA MUERTE DE NIÑOS PEQUEÑOS, CON LA ESPERANZA DE INSPIRAR ALGÚN TIPO DE CAMBIO SOCIAL. OTROS ESCRITORES SE DEDICARON A LA IDEA DE DISFRUTAR LAS EMOCIONES Y POPULARIZARON LA NOVELA "SENSACIONALISTA".

ESTOS AUTORES ERAN FAMOSOS POR CREAR REACCIONES FÍSICAS EN SUS LECTORES: PIEL DE GALLINA, ESCALOFRÍOS, MEJILLAS ROSADAS Y LÁGRIMAS TRÁGICAS. ESTAS LÁGRIMAS NO TENÍAN UN PROPÓSITO REAL, EL OBJETIVO ERA SOLO GENERAR UNA SENSACIÓN INTENSA. SI BIEN SE CONVIRTIERON EN LAS MÁS VENDIDAS ENTRE LOS LECTORES, LOS CRÍTICOS CONSIDERABAN QUE LAS NOVELAS SENSACIONALISTAS ERAN DE MAL GUSTO.

EL MODERNISMO LITERARIO QUE SURGIÓ A FINALES DEL SIGLO XIX Y PRINCIPIOS DEL XX QUERÍA ROMPER CON LAS CONVENCIONES TRADICIONALES DE LA ESCRITURA Y EXPERIMENTAR CON NUEVAS FORMAS DE EXPRESIÓN ESCRITA. LA LITERATURA MODERNISTA COMPROMETIDA CON LA CRUELDAD DE LA PRIMERA GUERRA MUNDIAL CENTRABA SU ATENCIÓN EN PONER DE MANIFIESTO Y AHONDAR EN LAS COMPLEJIDADES DEL MUNDO MODERNO DE DIFERENTES MANERAS.

ALICIA EN EL PAÍS DE LAS MARAVILLAS, DE LEWIS CARROLL, TIENE UNA ESCENA ICÓNICA EN LA QUE ALICIA SE CONFUNDE SOBRE SU IDENTIDAD A MEDIDA QUE SU TAMAÑO CAMBIA. DESPUÉS DE COMER UN PASTEL, SE VUELVE DEMASIADO GRANDE PARA CABER EN CUALQUIER LUGAR. ALICIA EMPIEZA A LLORAR Y SUS LÁGRIMAS GIGANTES FORMAN UN CHARCO. MIENTRAS LLORA, ALICIA SE ENCOGE Y CAE EN EL CHARCO DE LÁGRIMAS, QUE RÁPIDAMENTE SE CONVIERTE EN UN MAR.

ALICIA SE DISTRAE DE LA RAZÓN Y REACCIONA EMOCIONALMENTE. EN ESTE MUNDO RACIONAL, EL MAR DE LÁGRIMAS ES COMO UN CASTIGO PARA ALICIA POR HABER CEDIDO A SUS PROPIAS EMOCIONES.

LOS ESCRITOS DE SIGMUND FREUD SOBRE LA TEORÍA DEL INCONSCIENTE TUVIERON UN ENORME IMPACTO EN LA LITERATURA MODERNISTA. FREUD PLANTEÓ QUE LOS HUMANOS POSEEN UNA GRAN MENTE INCONSCIENTE, MUCHO MAYOR QUE SU MENTE CONSCIENTE, Y QUE ESTA ES RESPONSABLE DE SENTIMIENTOS VARIADOS Y COMPORTAMIENTOS DIFERENTES.

EN SU OBRA *SOBRE EL MECANISMO PSÍQUICO DE FENÓMENOS HISTÉRICOS* FREUD EXPRESÓ QUE LOS RECUERDOS TRAUMÁTICOS, CONSIDERADOS COMO "CUERPOS EXTRAÑOS", NECESITAN SER ELIMINADOS DE LA PSIQUE. VIO LA COMBINACIÓN DE LÁGRIMAS Y PALABRAS COMO UN CANAL DE DESCARGA Y UNA VÁLVULA DE ESCAPE.

LA FICCIÓN LITERARIA QUE NOS HACE LLORAR PUEDE SER VALIOSA POR VARIAS RAZONES. PUEDE CONCIENCIAR SOBRE UN TEMA CONCRETO, NOS AYUDA A EMPATIZAR CON LOS DEMÁS AL COMPRENDER LOS DOLORES DE OTROS, SUPERAR LOS ESTEREOTIPOS Y AMPLIAR NUESTRA VISIÓN DEL MUNDO. TAMBIÉN PUEDE AYUDARNOS A IDENTIFICAR Y LIBERAR EMOCIONES OBSTRUCTIVAS Y AMPLIAR NUESTRAS IDEAS Y CREENCIAS.

CUANDO ROSARIO, MI AMIGA DE TODA LA VIDA, ME PRESTÓ SU EJEMPLAR DEL LIBRO *ÉRAMOS UNOS NIÑOS (JUST KIDS)* DE PATTI SMITH ERA EL VERANO EN QUE CUMPLÍA 27. EN ESE MOMENTO HABÍA DECIDIDO PASAR TRES MESES EN LA CIUDAD DE NUEVA YORK DESPUÉS DE UNA GRAN CRISIS VOCACIONAL. ME SENTÍA COMPLETAMENTE PERDIDA Y PENSÉ QUE NECESITABA MUDARME A 8.500 KILÓMETROS DE CASA PARA ENCONTRAR A MI VERDADERO YO. LEÍ VORAZMENTE LAS MEMORIAS EN EL AVIÓN Y LLORÉ POR UNA FORMA DE VIVIR QUE YA NO EXISTÍA. ME ENCONTRÉ EN PARTE DE LA HISTORIA DE PATTI SMITH. PASÉ EL RESTO DE MI VIAJE DE TRES MESES LLORANDO POR LA CIUDAD, PENSANDO EN PATTI SMITH Y ROBERT MAPPLETHORPE.

DOMINGO 26 DE SEPTIEMBRE DE 2021: LLORÉ VIENDO A PATTI SMITH ACTUAR EN EL ELIZABETH STREET GARDEN DE NUEVA YORK.

CUANDO TERMINÉ DE LEER *EL AÑO DEL PENSAMIENTO MÁGICO* DE JOAN DIDION
ESTABA EN LA PLAYA. CORRÍ HACIA EL OCÉANO Y LLORÉ DEBAJO DEL AGUA.

EL ARTE DE LLORAR

LLORAR EN MUSEOS ES UNA DE MIS ACTIVIDADES FAVORITAS. LAS ARTES VISUALES PUEDEN CONMOVERNOS PODEROSAMENTE, Y EXISTE UNA EVIDENCIA CIENTÍFICA FASCINANTE SOBRE CÓMO AL OBSERVAR OBRAS DE ARTE SE ACTIVAN ÁREAS DEL CEREBRO RELACIONADAS CON LA INTROSPECCIÓN.

DOMINGO 14 DE MARZO DE 2021: LLORÉ EN EL MUSEO MOMA PS1, MIRANDO UNA ESCULTURA DE NIKI DE SAINT PHALLE.

PARA MI ABUELA ABA ERA IMPORTANTE LLEVARME AL MUSEO UNA VEZ
POR SEMANA DESPUÉS DEL COLEGIO. EN NUESTRAS VISITAS AL MUSEO NACIONAL DE
BELLAS ARTES DE BUENOS AIRES ALGUNAS VECES LLORABA DE ABURRIMIENTO Y
CANSANCIO. CON EL TIEMPO APRENDÍ SOBRE IMPRESIONISMO Y ME OBSESIONÉ CON EL
TRABAJO DE RODIN. AHORA, CUANDO VISITO ESTE MUSEO Y APENAS HUELO EL FUERTE
OLOR DE LA PINTURA AL ÓLEO, LLORO, Y NO ES SOLO POR LAS OBRAS.
LLORO MIENTRAS CAMINO POR LAS GALERÍAS, RECORDANDO AQUELLAS TARDES
DORADAS CON MI ABUELA.

HAY UNA FOTOGRAFÍA ICÓNICA DEL ARTISTA SURREALISTA MAN RAY LLAMADA *LÁGRIMAS*. SU COMPOSICIÓN ESCÉNICA BUSCA TRANSMITIR LA ARTIFICIALIDAD DEL ARTE. LA PROTAGONISTA, PARECIDA A UNA ESTRELLA DE CINE MUDO, MIRA HACIA ARRIBA MIENTRAS UNAS GRANDES Y EXAGERADAS LÁGRIMAS IMITAN UNA MUESTRA MELODRAMÁTICA DE TRISTEZA, SATIRIZANDO LA EXPRESIÓN EMOCIONAL.

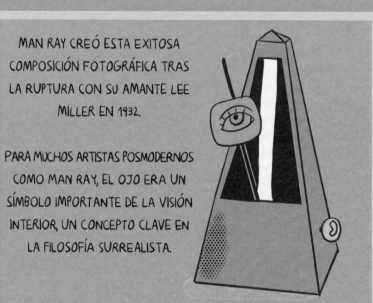

MAN RAY CREÓ ESTA EXITOSA COMPOSICIÓN FOTOGRÁFICA TRAS LA RUPTURA CON SU AMANTE LEE MILLER EN 1932.

PARA MUCHOS ARTISTAS POSMODERNOS COMO MAN RAY, EL OJO ERA UN SÍMBOLO IMPORTANTE DE LA VISIÓN INTERIOR, UN CONCEPTO CLAVE EN LA FILOSOFÍA SURREALISTA.

A PRINCIPIOS DE LA DÉCADA DE 1960, ROY LICHTENSTEIN CREÓ VARIAS PINTURAS CONSIDERADAS "FALSO DRAMA DE FANTASÍA" SOBRE MUJERES ENAMORADAS DE HOMBRES HORRIBLES QUE LAS HACEN INFELICES. ESTAS OBRAS DE ARTE ORIGINALES SIRVIERON COMO PRÓLOGO DE LA SERIE *LAS CHICAS DE AL LADO*, DE 1964, DONDE RETRATÓ A MUJERES EN TODA UNA GAMA DE ESTADOS EMOCIONALES CONFUSOS.

DROWNING GIRL, 1963.

DIEGO Y YO, EL AUTORRETRATO LACRIMOSO DE FRIDA KAHLO, ROMPIÓ EL RÉCORD COMO LA OBRA DE ARTE LATINOAMERICANA MÁS CARA JAMÁS SUBASTADA. LA PINTURA PRESENTA A LA PROPIA ARTISTA MEXICANA CON LÁGRIMAS EN LOS OJOS, Y EN LA FRENTE A SU ESPOSO DIEGO RIVERA.

SÁBADO 29 DE ENERO DE 2022: LLORÉ EN LAS ESCALERAS DE UN MUSEO IMAGINARIO.

LA ARTISTA CUBANA TANIA BRUGUERA CREÓ UNA "SALA PARA LLORAR" PARA SU EXPOSICIÓN EN LA TATE MODERN GALLERY DE LONDRES EN 2018. CONSTRUYÓ UN ESPACIO LLENO DE VAPOR ESPECIAL DISEÑADO PARA HACER LLORAR A LA GENTE. BRUGUERA QUERÍA PROVOCAR UNA RESPUESTA AUTOMÁTICA DE EMPATÍA EN LOS VISITANTES QUE VEÍAN LLORAR A OTRAS PERSONAS.

ESTA HABITACIÓN CONTIENE UN COMPUESTO ORGÁNICO QUE TE HARÁ LLORAR.

DOMINGO 19 DE JULIO DE 2020: LLORÉ COMO SI MARINA ABRAMOVIĆ ME ESTUVIERA MIRANDO A LOS OJOS.

EN SU ENSAYO VISUAL *TOPOGRAFÍA DE LAS LÁGRIMAS*, LA FOTÓGRAFA ROSE-LYNN FISHER REGISTRA LÁGRIMAS DE ALEGRÍA, DOLOR E IRRITACIÓN CON SUPREMO DETALLE. USANDO UN MICROSCOPIO LUMINOSO ESTÁNDAR Y UNA CÁMARA MICROSCÓPICA, FISHER TOMA FOTOS DE DIFERENTES TIPOS DE LÁGRIMAS. CADA LÁGRIMA OBSERVADA BAJO LA CÁMARA MICROSCÓPICA TIENE SUS PROPIAS FORMAS Y CUALIDADES.

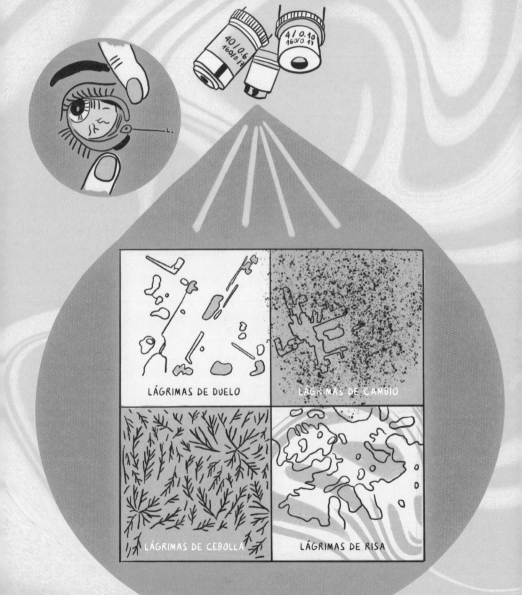

LÁGRIMAS DE DUELO

LÁGRIMAS DE CAMBIO

LÁGRIMAS DE CEBOLLA

LÁGRIMAS DE RISA

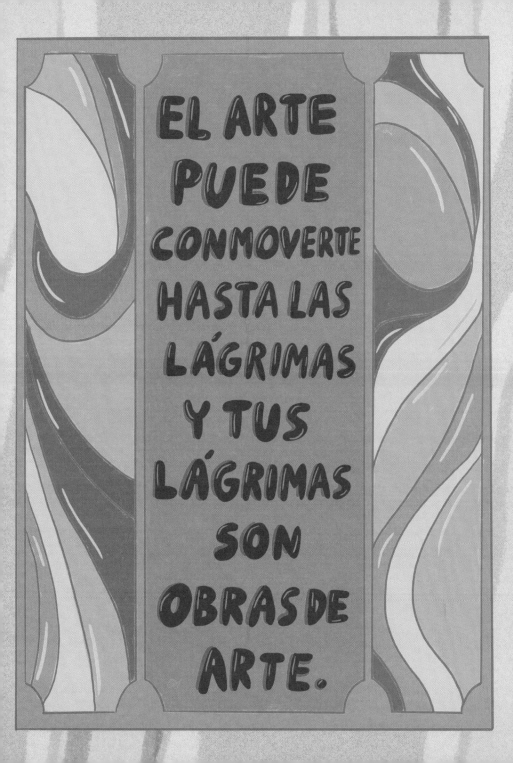

EN EL VERANO DE 2010, VIVÍA EN MILÁN Y COMPRÉ UNA ENTRADA PARA VER *LA ÚLTIMA CENA* DE LEONARDO DA VINCI. EL DETERIORADO FRESCO, PINTADO CON TÉMPERA, PERMANECE PROTEGIDO Y PARA EVITAR MÁS DAÑOS DEJAN ENTRAR A MENOS DE MIL PERSONAS CADA DÍA. LAS RESERVAS TE PERMITEN UNA VISITA DE 15 MINUTOS CON UN MÁXIMO DE VEINTICINCO PERSONAS POR FRANJA HORARIA.

TUVE QUE RESERVAR LA ENTRADA CON DOS MESES DE ANTELACIÓN, Y EL DÍA DE MI VISITA ME PUSE MI VESTIDO DE LINO BLANCO FAVORITO Y FUI EN BICICLETA AL ENCUENTRO. HABIENDO VISTO IMÁGENES DEL FAMOSO MURAL TODA MI VIDA, NO CREÍ QUE PUDIERA IMPRESIONARME DEMASIADO VERLO EN PERSONA. LLEGUÉ UNOS MINUTOS ANTES A SU LUGAR ORIGINAL, EL EXCONVENTO DOMINICO DE SANTA MARIA DELLE GRAZIE.

ENTONCES ME PERMITIERON ENTRAR EN UNA HABITACIÓN SILENCIOSA Y OSCURA CON UN GRUPO DE VEINTICUATRO EXTRAÑOS. CUANDO POR FIN VI LA OBRA QUE HABÍA SIDO PINTADA MÁS DE SEIS SIGLOS ANTES, ME CONMOVIÓ HASTA LAS LÁGRIMAS.

HABÍA ALGO EN EL HECHO DE ENTRAR EN CONTACTO CON UNA IMAGEN ICÓNICA, EN UNA SALA TRANQUILA, CON PERSONAS DESCONOCIDAS, QUE ME IMPACTÓ Y ABRUMÓ. LOS ESFUERZOS HUMANOS PARA MANTENER VIVA UNA OBRA QUE DESAPARECE ME HICIERON LLORAR DURANTE LOS 15 MINUTOS COMPLETOS DE LA VISITA.

PAYASO QUE LLORA

LA IMAGEN POPULAR DEL PAYASO LLORANDO PROVIENE DE UNA ÓPERA ITALIANA DE 1892: *PAGLIACCI* DE RUGGERO LEONCAVALLO. EN EL ESCENARIO, EL PROTAGONISTA VESTIDO DE PAYASO ESPERA QUE TODOS SE RÍAN DE SUS PROPIOS PROBLEMAS. FUERA DEL ESCENARIO, LLORA ATORMENTADO AL SABER QUE SU HERMOSA ESPOSA, NEDDA, ESTÁ ENAMORADA DE UN JOVEN SOLDADO.

 LUNES 8 DE NOVIEMBRE DE 2021: LLORÉ DE AGOTAMIENTO EN LAS VEGAS, JUSTO FRENTE AL CIRCUS CIRCUS HOTEL AND CASINO.

EN EL AÑO 2021, LA SUPERMODELO BELLA HADID PUBLICÓ UN SELFI LLORANDO Y ESCRIBIÓ CON FRANQUEZA SOBRE LA SALUD MENTAL ONLINE, DE MODO QUE UNA NUEVA CONVERSACIÓN EMPEZÓ EN TORNO A LAS CRISIS NERVIOSAS EN LAS REDES SOCIALES. LOS SELFIS LLORANDO SE VOLVIERON MÁS POPULARES, UNA FORMA DE CONEXIÓN EMOCIONAL Y APROBACIÓN DE LOS DEMÁS. SIN EMBARGO, ALGUNOS ESPECIALISTAS RECOMIENDAN CONSULTAR A TERAPEUTAS Y ENTIDADES DE SALUD MENTAL, EN LUGAR DE PASAR MÁS TIEMPO EN PLATAFORMAS O REDES SOCIALES.

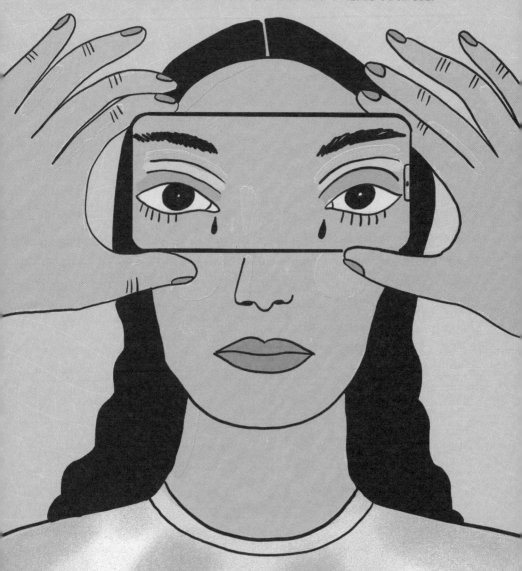

MEMES DE LLANTO

A LOS HUMANOS LES GUSTA COMPARTIR Y REPETIR COSAS. LOS MEMES SON PIEZAS DE INFORMACIÓN QUE SE PASAN RÁPIDAMENTE DE UN INDIVIDUO A TODOS LOS DEMÁS. LOS GRANDES CAMBIOS CULTURALES SE PUEDEN SEGUIR FÁCILMENTE A TRAVÉS DE LOS DIFERENTES MEMES POPULARES. EN UN MUNDO DONDE ESTAMOS BOMBARDEADOS DE NOTICIAS DURANTE HORAS Y HORAS CADA DÍA, NO ES UNA SORPRESA VER CASCADAS DE MEMES DE LLANTO COMO UNA FORMA DE AFRONTAR LA SITUACIÓN. ES COMO SI LLORAR SIMBÓLICAMENTE EN INTERNET FUERA UNA LIBERACIÓN EMOCIONAL PARA NUESTRO YO VIRTUAL.

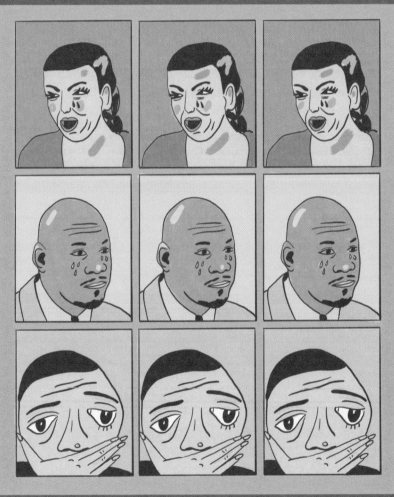

JUEVES 30 DE JULIO DE 2020: LLORÉ DE RISA CON UN MEME MUY DIVERTIDO.

A LO LARGO DE LOS SIGLOS, LAS CHICAS TRISTES HAN ESTADO A LA VANGUARDIA DE PROGRAMAS Y PELÍCULAS POPULARES. UN GRAN EJEMPLO ES EL FILM *LAS VÍRGENES SUICIDAS*, DE SOFIA COPPOLA. TAMBIÉN LAS VEMOS COMO ÍCONOS DE LA CULTURA POP: MARILYN MONROE O FIONA APPLE SON EJEMPLOS DE ESTO. EXACTAMENTE COMO CANTA LANA DEL REY EN UNO DE SUS ÉXITOS: "PORQUE SOY LINDA CUANDO LLORO".

EL LOOK "LLANTO SOFT" SE CONVIRTIÓ EN UNA TENDENCIA DE MAQUILLAJE POPULAR EN LA CULTURA DE LAS REDES SOCIALES. ALGUNOS CREADORES COMPARTEN TUTORIALES SOBRE CÓMO LOGRAR UNA MIRADA CON LÁGRIMAS FRESCAS, INCLUSO SI NO SE TIENEN GANAS DE LLORAR DE VERDAD. SI QUERÉS APARENTAR QUE ESTÁS TENIENDO UN "LINDO LLANTO" TODO EL TIEMPO, APLICÁ UN LÁPIZ LABIAL ROSADO SUAVE. DESPUÉS, UN POCO DE SOMBRA ROJA ALREDEDOR DE LOS OJOS Y, COMO TOQUE FINAL, PASÁ UN DELINEADOR DE OJOS CON BRILLANTINA A LO LARGO DE LAS MEJILLAS PARA OBTENER UN "BRILLO DE LLANTO".

 VIERNES 20 DE ENERO DE 2023: TENÍA GANAS DE LLORAR Y BUSQUÉ UN TUTORIAL DE MAQUILLAJE PARA DISTRAERME. LLORÉ DURANTE TODO EL VIDEO.

SOCIEDAD DE LÁGRIMAS

ERA EL AÑO 2000. HABÍAMOS SOBREVIVIDO AL APOCALIPSIS DEL NUEVO MILENIO Y HABÍA COMENZADO UNA NUEVA ERA EN MI VIDA. TENÍA TRECE AÑOS Y LO ÚNICO QUE ME IMPORTABA ERA CHATEAR CON MIS AMIGOS. EN ESE MOMENTO, CASI TODAS LAS CHICAS DE MI CLASE HABÍAN TENIDO SU PRIMERA MENSTRUACIÓN EXCEPTO YO. ESTO ME DABA ANSIEDAD PERO, AL MISMO TIEMPO, NO ESTABA LISTA PARA SER OFICIALMENTE ADOLESCENTE.

ACABABA DE LLEGAR A CASA DESPUÉS DE ACTUAR EN UNA OBRA ESCOLAR, CUANDO SENTÍ UN DOLOR DE PANZA INSOPORTABLE. CORRÍ AL BAÑO Y VI ALGO ROJO EN MI ROPA INTERIOR. LLAMÉ A MI MAMÁ A GRITOS Y LLORÉ. SABÍA QUÉ ERA, PERO NO QUERÍA QUE MI PAPÁ O MIS HERMANOS SE ENTERARAN. ME SENTÍ AVERGONZADA Y ESTÚPIDA A LA VEZ. MI MAMÁ, MUY TRANQUILA COMO SIEMPRE, ME TRAJO UNA TOALLITA Y ME DIJO DESPACIO: "ESTE ES UNO DE TUS PODERES".

LÁGRIMAS Y ROLES DE GÉNERO

A SOCIEDAD FORMA LAS IDEAS Y LAS FUNCIONES EN TORNO AL GÉNERO Y JUEGA UN ROL IMPORTANTE EN CÓMO LOS HUMANOS INTERPRETAN SUS EXPERIENCIAS DE LLANTO. AUNQUE SE CREE QUE LAS MUJERES LLORAN MÁS QUE LOS HOMBRES, ESTA CARACTERÍSTICA NO ES BIOLÓGICA. DURANTE LA INFANCIA, HAY POCA DIFERENCIA ENTRE LA FRECUENCIA CON LA QUE LLORAN LAS MUJERES Y LOS VARONES.

A PARTIR DE LOS ONCE AÑOS LA DIFERENCIA EN LAS TENDENCIAS DE LLANTO SURGE ENTRE LOS DISTINTOS GÉNEROS ASIGNADOS. ESTE CAMBIO EN LA PRODUCCIÓN DE LÁGRIMAS PARECE MÁS EL RESULTADO DE UNA REDUCCIÓN DE LAS LÁGRIMAS MASCULINAS QUE DE UN AUMENTO DE LAS FEMENINAS. A ESTA EDAD, LAS MUJERES REPORTAN SENTIRSE MEJOR DESPUÉS DE LLORAR, MIENTRAS QUE LOS HOMBRES INDICAN LO CONTRARIO.

EN PROMEDIO, LAS MUJERES LLORAN 5,3 VECES AL MES, MIENTRAS QUE LOS HOMBRES LLORAN 1,3 VECES AL MES, DEFINIENDO EL "LLANTO" COMO CUALQUIER COSA, DESDE OJOS HÚMEDOS HASTA SOLLOZOS INTENSOS.*
BIOLÓGICAMENTE, PUEDE HABER UNA RAZÓN POR LA CUAL LAS PERSONAS CON ÚTERO LLORAN MÁS: LA TESTOSTERONA PUEDE INHIBIR LAS LÁGRIMAS, MIENTRAS QUE LA HORMONA PROLACTINA (OBSERVADA EN NIVELES MÁS ALTOS EN PERSONAS QUE MENSTRÚAN) PUEDE PROMOVERLAS.
PERO EL DESEO DE LLORAR NO ES SOLO BIOLÓGICO, TAMBIÉN ES SOCIOLÓGICO.

EL PATRIARCADO
SIEMPRE HA CONTROLADO
NUESTRAS LÁGRIMAS.

*Los datos se obtuvieron en la década de 1980 por el bioquímico William H. Frey, Phd; los promedios siguen siendo los mismo hoy en día, según Lauren Bylsma, Phd, de la Universidad de Pittsburgh y otros científicos.

SÍNDROME PREMENSTRUAL

LA MENSTRUACIÓN Y LA OVULACIÓN CREAN FLUCTUACIONES HORMONALES A LO LARGO DEL MES. LOS EXPERTOS CREEN QUE EL DESCENSO DE ESTRÓGENO Y PROGESTERONA, QUE SE PRODUCE DESPUÉS DE LA OVULACIÓN, ES UN DESENCADENANTE DEL LLANTO. ESTAS HORMONAS REDUCEN LA PRODUCCIÓN DE SEROTONINA, UN NEUROTRANSMISOR QUE TAMBIÉN SE CONOCE COMO EL QUÍMICO DE LA FELICIDAD.

LLORAR ANTES Y DURANTE LOS PRIMEROS DÍAS DEL PERIODO MENSTRUAL ES MUY COMÚN Y PUEDE SER CAUSADO POR TODA UNA GAMA DE EMOCIONES CAMBIANTES. UN MINUTO ESTÁS TRISTE, AL SIGUIENTE ESTÁS ALEGRE Y ENERGIZADA. LAS HORMONAS TAMBIÉN PUEDEN CREAR LA URGENCIA DE LLORAR, AUNQUE SIENTAS QUE NO HAY UNA RAZÓN PARA HACERLO.

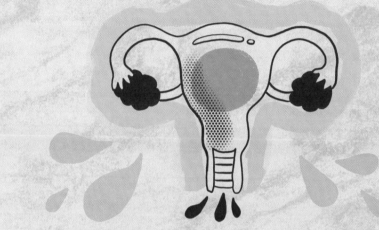

MANERAS DE ENFRENTAR EL SÍNDROME PREMENSTRUAL:

* COMER ALIMENTOS RICOS EN GRASAS Y OMEGA-3, COMO PESCADO Y NUECES.
* SI ES POSIBLE, HACER EJERCICIO. ESTO ACTIVARÁ LA LIBERACIÓN DE ENDORFINAS, QUE AYUDARÁ A MEJORAR TU ESTADO DE ÁNIMO.
* HACER ALGO DIVERTIDO PARA NO PENSAR EN EL CAMBIO DE EMOCIONES.
* ENTREGARSE AL LLANTO.

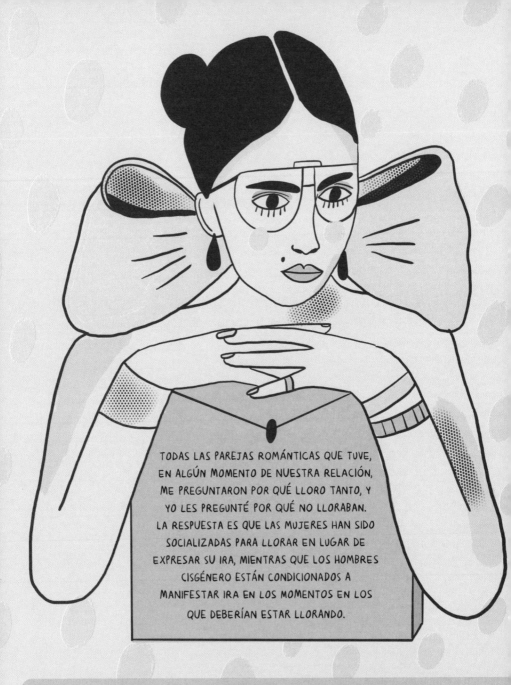

TODAS LAS PAREJAS ROMÁNTICAS QUE TUVE,
EN ALGÚN MOMENTO DE NUESTRA RELACIÓN,
ME PREGUNTARON POR QUÉ LLORO TANTO, Y
YO LES PREGUNTÉ POR QUÉ NO LLORABAN.
LA RESPUESTA ES QUE LAS MUJERES HAN SIDO
SOCIALIZADAS PARA LLORAR EN LUGAR DE
EXPRESAR SU IRA, MIENTRAS QUE LOS HOMBRES
CISGÉNERO ESTÁN CONDICIONADOS A
MANIFESTAR IRA EN LOS MOMENTOS EN LOS
QUE DEBERÍAN ESTAR LLORANDO.

JUEVES 26 DE ENERO DE 2023: LLORÉ PORQUE VI A MI PAREJA
LLORAR MIENTRAS ESCUCHABA UN PODCAST.

LA MANERA EN LA QUE ENSEÑAMOS A LOS NIÑOS A
EXPRESAR EMOCIONES PUEDE TENER UN GRAN IMPACTO EN CÓMO
SE SIENTEN Y SE COMPORTAN.
A LOS NIÑOS A MENUDO LES ENSEÑAN A OCULTAR SU TRISTEZA Y
EN SU LUGAR EXPRESAR ENOJO, MIENTRAS SE ALIENTA A LAS NIÑAS A HACER LO
OPUESTO. ESTOS PATRONES PUEDEN SER REFORZADOS POR SUS COMPAÑEROS, ESPECIALMENTE
EN CULTURAS DONDE LAS DIFERENCIAS EMOCIONALES ENTRE GÉNERO SON MUY
PRONUNCIADAS. ESTO SE MUESTRA EN EL CONOCIDO DICHO "LOS CHICOS NO LLORAN".

LOS
CHICOS
~~NO~~
LLORAN

DURANTE EL SIGLO XX, LA CULTURA PATRIARCAL DOMINANTE ENFATIZÓ LA IDEA DE QUE EXPRESAR LAS EMOCIONES ES UN TIPO DE DEBILIDAD.

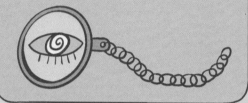

LAS MUJERES LLORANDO ERAN CONSIDERADAS DEMANDANTES, MIENTRAS QUE CIERTA CANTIDAD DE LÁGRIMAS EN LOS HOMBRES ERAN VISTAS COMO UN ELOGIO.

EN LOS AÑOS 60, LA NOCIÓN DE QUE LAS MUJERES ERAN MÁS "EMOCIONALES" Y LOS HOMBRES MÁS "RACIONALES" SE HIZO POPULAR, LO QUE CONSOLIDÓ UNA VISIÓN MACHISTA DE LAS EMOCIONES.

LA LLORONA

LA POPULAR FIGURA MEXICANA DE "LA LLORONA" ES UNA MUJER QUE DEAMBULA POR BOSQUES Y RÍOS EN LA NOCHE, BUSCANDO NIÑOS.
LO MÁS ATERRADOR SOBRE ELLA ES QUE SIEMPRE ESTÁ LLORANDO.
"SEAN BUENOS O VENDRÁ LA LLORONA A ATRAPARLOS", ADVIERTEN LOS PADRES PARA QUE SUS HIJOS SE PORTEN BIEN.

HAY MUCHAS VERSIONES DIFERENTES DE LA HISTORIA. ALGUNAS PROMUEVEN LA IDEA DE UNA MUJER QUE NO RESPETA LOS DESEOS DE SU ESPOSO Y, COMO CONSECUENCIA, ESTÁ CONDENADA A SUFRIR PARA SIEMPRE.

LAS FEMINISTAS DE LOS AÑOS 60 CUESTIONARON LA IDEA DE QUE LAS EMOCIONES ERAN EXCLUSIVAMENTE PROPIEDAD DE LAS MUJERES Y LA RAZÓN, DE LOS HOMBRES, Y ABOGARON POR CREAR UNA COMPRENSIÓN MÁS HOLÍSTICA DE LA EXPERIENCIA HUMANA QUE INCLUYERA AMBAS. ALGUNAS FEMINISTAS AFIRMARON QUE LA EMOCIÓN ES LA MÁXIMA RESPUESTA HUMANA Y QUE LA MENTE RACIONAL ES SOLO UNA PARTE DE LA EXPERIENCIA TOTAL DEL LLANTO.

CUANDO EN SU TRABAJO ERA PERCIBIDA COMO DÉBIL POR LLORAR, GLORIA DECÍA:

"ASÍ ME ENOJO. ESTOY LLORANDO PORQUE ESTOY ENOJADA Y PORQUE ESTOY LLORANDO VIVIRÉ MÁS QUE TÚ".

LLORAR EN PÚBLICO ES UN ACTO FEMINISTA.

EN 2015, DESPUÉS DE QUE SURGIERA GLOBALMENTE LA CUARTA OLA DE FEMINISMO, SE FUNDÓ EN ARGENTINA LA AGRUPACIÓN "NI UNA MENOS". ESE AÑO EMPEZAMOS A MARCHAR EN LAS CALLES PIDIENDO JUSTICIA A GRAN ESCALA. CADA DÍA OCURREN MÁS FEMINICIDIOS. LLORAMOS Y LLORAMOS POR LA MUERTE DE ESTAS MUJERES, LLORAMOS JUNTAS POR DÍAS Y NOCHES, POR NUESTRAS HERMANAS Y SUS VOCES PERDIDAS. LLORAMOS PORQUE ELLAS YA NO PUEDEN LLORAR MÁS.

 MIÉRCOLES 30 DE DICIEMBRE DE 2020: LLORÉ TODO EL DÍA PORQUE DESPUÉS DE VARIOS AÑOS DE LUCHA, EL ABORTO FINALMENTE SE LEGALIZÓ EN ARGENTINA.

NO PUEDO CREER

QUE TODAVÍA

TENGAMOS QUE EXPLICAR

QUE TAMBIÉN SOMOS

SERES HUMANOS

VIVIENDO EN EL MISMO

PLANETA

Y QUE NECESITAMOS

LOS MISMOS DERECHOS.

PARA MUCHAS PERSONAS TRANS, LLORAR SIGNIFICA QUE PUEDEN EXPRESARSE LIBREMENTE Y SENTIRSE CÓMODAS CON QUIENES REALMENTE SON. ESTAR DENTRO DE UN CUERPO QUE NO SE SIENTE PROPIO A VECES PUEDE CONDUCIR A REPRIMIR LAS EMOCIONES. LA TRANSICIÓN DE GÉNERO Y LA TERAPIA DE REEMPLAZO HORMONAL PUEDEN ABRIR UNA GAMA COMPLETA DE SENTIMIENTOS NUEVOS, ESPECIALMENTE DESPUÉS DE AÑOS DE SER MALINTERPRETADOS.

MUJERES Y HOMBRES TRANS MUCHAS VECES DESCUBREN EL BENEFICIO EMOCIONAL EN SU TRANSICIÓN, NO TANTO POR UNA NUEVA FORMA DE SENTIR COMO POR PODER SENTIR LO QUE SIEMPRE HA EXISTIDO DENTRO DE ELLOS. RECONOCEN QUE LOS SENTIMIENTOS ESTÁN MÁS DISPONIBLES, EN LUGAR DE ENTERRADOS EN CAPAS PROFUNDAS DE DISFORIA DE GÉNERO. ALGUNOS HAN DESCUBIERTO QUE SE PERMITEN SENTIR TODA UNA DIVERSIDAD DE EMOCIONES, EN PARTE PORQUE YA NO PASAN TANTO TIEMPO ODIANDO SUS FORMAS Y CUERPOS.

LLORANDO EN EL EMBARAZO

LOS CAMBIOS EN EL ESTADO DE ÁNIMO Y LOS LLANTOS REPENTINOS SON UNA PARTE ESPERADA DE LA GESTACIÓN, YA QUE LLEVA ALGÚN TIEMPO ABSORBER EL PESO EMOCIONAL Y LAS TRANSFORMACIONES SIGNIFICATIVAS QUE IMPLICA TENER UN BEBÉ.

LOS CAMBIOS EMOCIONALES MUCHAS VECES PUEDEN ATRIBUIRSE A FLUCTUACIONES HORMONALES, QUE TIENEN LA CAPACIDAD DE AFECTAR AL EQUILIBRIO QUÍMICO DEL CEREBRO Y REGULAR EL ESTADO DE ÁNIMO. EL BIENESTAR EMOCIONAL Y LA SALUD MENTAL DE UNA PERSONA EMBARAZADA SON TAN IMPORTANTES COMO SU SALUD FÍSICA. LLORAR PUEDE SER UN MECANISMO ÚTIL PARA EL MANEJO DE LA SALUD MENTAL DURANTE EL EMBARAZO.

"TINY TEARS", LA MUÑECA QUE LLORA LÁGRIMAS DE VERDAD.

REGALA A TU PEQUEÑA UNA MUÑECA A LA QUE AMAR, UNA MUÑECA TAN REAL, TAN HUMANA, QUE LA MANTENDRÁ OCUPADA Y FELIZ DÍA TRAS DÍA.

"TINY TEARS" BEBE SU BIBERÓN, MOJA SU PAÑAL, HACE BURBUJAS, DUERME, SE PUEDE BAÑAR, Y LO MÁS MARAVILLOSO DE TODO: CUANDO LLORA, GRANDES LÁGRIMAS HÚMEDAS CAEN POR SUS GORDITAS MEJILLAS.

NO HAY OTRA MUÑECA EN EL MUNDO COMO ELLA.

 MARTES 26 DE ABRIL DE 2022: LLORÉ PORQUE UN RECUERDO DE MI INFANCIA SE CRUZÓ POR MI MENTE EN LA MITAD DEL DÍA.

LAS MUÑECAS QUE LLORAN SE HICIERON POPULARES DURANTE LOS AÑOS 50 Y ESTABAN
DIRIGIDAS A LAS NIÑAS PEQUEÑAS. DÉCADAS DE CONSUMO CON ESTEREOTIPOS DE GÉNERO
NOS HAN LLEVADO A CREER QUE LOS NIÑOS VISTEN DE AZUL, TIENEN EL PELO CORTO Y
JUEGAN CON AUTOS, MIENTRAS QUE A LAS NIÑAS LES GUSTA EL ROSA, JUEGAN
CON MUÑECAS Y LLORAN CON MÁS FRECUENCIA.

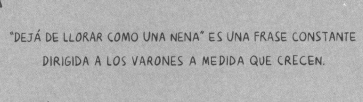

"DEJÁ DE LLORAR COMO UNA NENA" ES UNA FRASE CONSTANTE DIRIGIDA A LOS VARONES A MEDIDA QUE CRECEN.

EL GÉNERO ES UNA IDENTIDAD Y NO SE BASA EN EL SEXO BIOLÓGICO DE ALGUIEN, LLORAR ES UNA RESPUESTA EMOCIONAL COMPLETAMENTE NORMAL Y NATURAL PARA TODOS LOS HUMANOS. CUANDO A LOS NIÑOS SE LES DICE REPETIDAMENTE QUE NO LLOREN, PIERDEN EL CONTACTO CON TODOS SUS SENTIMIENTOS REALES, Y ESTO TIENE EFECTOS DURADEROS Y A LARGO PLAZO EN SU SALUD MENTAL Y SUS RELACIONES CON LOS DEMÁS.

LLORÁ COMO UN HUMANO

LLORANDO ALREDEDOR DEL MUNDO

EN DIVERSAS CULTURAS, LAS MUJERES TIENDEN A LLORAR CON MÁS FRECUENCIA Y A TENER EXPERIENCIAS DE LLANTO MÁS POSITIVAS. ALGUNOS ESTUDIOS PROPONEN QUE LOS FACTORES SOCIOCULTURALES Y ECONÓMICOS PODRÍAN DESEMPEÑAR UN PAPEL IMPORTANTE EN LA CONFIGURACIÓN DE LA EXPRESIÓN DEL LLANTO.

DATOS RECOPILADOS EN TREINTA Y SIETE PAÍSES SUGIEREN QUE EN LAS NACIONES MÁS RICAS TANTO HOMBRES COMO MUJERES SE SIENTEN MEJOR DESPUÉS DE LLORAR QUE EN PAÍSES CON MENOS IGUALDAD Y RIQUEZA.

LAS LÁGRIMAS SON DIAMANTES

DURANTE MUCHO TIEMPO SE PENSÓ QUE LAS PERSONAS DE LOS PAÍSES DESARROLLADOS ERAN MÁS FRÍAS Y REPRIMÍAN SUS EMOCIONES, PERO UNA NUEVA INVESTIGACIÓN HA DESCUBIERTO QUE A MEDIDA QUE LAS SOCIEDADES SE HACEN MÁS RICAS, LA GENTE LLORA MÁS Y MÁS.
SI BIEN LOS INVESTIGADORES ASUMEN QUE LAS PERSONAS DE LOS PAÍSES EN DIFICULTADES TIENEN MÁS MOTIVOS PARA LLORAR, DESCUBRIERON QUE ERAN LAS PERSONAS DE LOS PAÍSES MÁS RICOS LAS QUE LLORABAN MÁS A MENUDO. LAS VARIABLES QUE SE RELACIONARON CON MÁS FRECUENCIA CON EL LLANTO FUERON EL NIVEL DE DERECHOS CIVILES, LA DEMOCRACIA Y TAMBIÉN LA EXPRESIÓN INDIVIDUAL.
A ESCALA INTERNACIONAL, LLORAR PARECE ESTAR MÁS RELACIONADO CON CIERTA LIBERTAD PARA EXPRESAR EMOCIONES EN VEZ DE CON EL MALESTAR SOCIAL.

LLORANDO EN EL TRABAJO

NO CREO ESTAR EXAGERANDO CUANDO DIGO QUE LLORÉ EN CADA TRABAJO QUE TUVE. CUANDO TENÍA VEINTIDÓS AÑOS, EN MI PRIMER TRABAJO CREATIVO EN UNA MARCA DE MODA, GUARDABA MUESTRAS DE TELAS PARA SECARME LAS LÁGRIMAS ANTES DE LAS REUNIONES. LAS LÁGRIMAS EN EL TRABAJO, EN GENERAL, NO SON ACEPTADAS. LAS PERSONAS QUE LLORAN SUELEN SER PERCIBIDAS COMO MENOS PROFESIONALES QUE SUS COMPAÑEROS MÁS IMPERTURBABLES.

 SÁBADO 9 DE JULIO DE 2022: LLORÉ PORQUE FINALMENTE FIRMÉ EL CONTRATO CON UNA EDITORIAL PARA PUBLICAR EL LIBRO SOBRE LLORAR EN EL QUE ESTUVE TRABAJANDO EN LOS ÚLTIMOS AÑOS.

PARA LOS POLÍTICOS, LLORAR SIEMPRE FUE VISTO COMO UN SIGNO DE DEBILIDAD. LA SOCIEDAD TIENDE A PREFERIR LÍDERES QUE PARECEN SERIOS, IMPERTURBABLES Y SEGUROS DE SÍ MISMOS Y EL LLANTO HA SIDO CONSIDERADO DESDE HACE MUCHO TIEMPO UN SÍMBOLO DE VULNERABILIDAD. PERSONALMENTE PREFIERO QUE MIS CANDIDATOS LLOREN ANTES QUE VERLOS GRITAR.

SIN EMBARGO, ALGUNAS LÁGRIMAS SON SIGNOS DE BONDAD HUMANA INCLUSO EN LA POLÍTICA; COMO LLORAR DURANTE UNA PANDEMIA, UNA CRISIS GLOBAL O UNA TRAGEDIA NACIONAL.

LUNES 28 DE DICIEMBRE DE 2020: LLORÉ VIENDO EL DEBATE DE SENADORES POR YOUTUBE.

NORMALICEMOS

LLORAR EN EL TRABAJO

Y TAMBIÉN QUE LOS TRABAJOS SEAN MENOS HORRIBLES.

ALGUNOS MÉDICOS, ESPECIALMENTE LOS CIRUJANOS, SOSTIENEN QUE LLORAR FRENTE A UN PACIENTE ES UN SIGNO DE DEBILIDAD Y FALTA DE EXPERIENCIA PROFESIONAL. POR EL CONTRARIO, LOS ENFERMEROS Y ENFERMERAS SIENTEN QUE PUEDEN EXPRESAR MÁS EMOCIÓN. MOSTRAR A LOS PACIENTES QUE TAMBIÉN SON HUMANOS Y QUE TAMBIÉN TIENEN SENTIMIENTOS PUEDE AYUDARLOS A SUPERAR LA FRIALDAD DE LOS ENTORNOS HOSPITALARIOS.

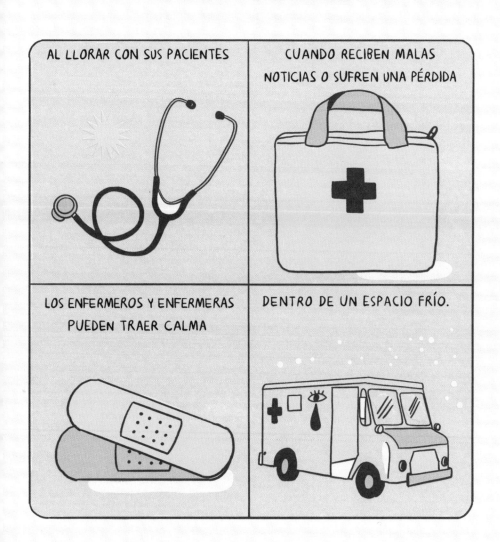

AL LLORAR CON SUS PACIENTES

CUANDO RECIBEN MALAS NOTICIAS O SUFREN UNA PÉRDIDA

LOS ENFERMEROS Y ENFERMERAS PUEDEN TRAER CALMA

DENTRO DE UN ESPACIO FRÍO.

CUANDO ESTABA TERMINANDO SECUNDARIA, A MI MADRE LE DIAGNOSTICARON CÁNCER DE MAMA. TODAVÍA ME ACUERDO DE QUE LLORÉ CON ELLA CUANDO ME CONTÓ LA NOTICIA. LLORÉ TAMBIÉN EN EL HOSPITAL MIENTRAS LA LLEVABAN AL QUIRÓFANO. ESTABA SENTADA EN UN RINCÓN BLANCO Y ESTÉRIL, TODA ACURRUCADA. LAGRIMEÉ VIENDO A LOS MÉDICOS MOVERSE COMO ROBOTS POR LOS PASILLOS ASÉPTICOS. ME SENTÉ AHÍ, EN SECRETO, DESEANDO QUE ALGUIEN ME ABRAZARA.

CUANDO MI MAMÁ FINALMENTE SE RECUPERÓ Y SUS PRUEBAS ASEGURARON QUE ESTABA LIBRE DE CÁNCER, VOLVÍ A LLORAR DE FELICIDAD EN EL MISMO RINCÓN BLANCO.

TAREAS DE CUIDADO

LAS SOCIEDADES HAN APROVECHADO MUCHAS VECES LA FALSA IDEA DE QUE LAS MUJERES SIEMPRE SON, NATURAL Y BIOLÓGICAMENTE, CAPACES DE SENTIR, EXPRESAR Y GESTIONAR LAS EMOCIONES MEJOR QUE LOS HOMBRES, ASIGNANDO ASÍ UN GÉNERO ESPECÍFICO A DETERMINADAS EMOCIONES. EL TÉRMINO "TRABAJO EMOCIONAL" FUE EXPRESADO POR PRIMERA VEZ POR LA SOCIÓLOGA ARLIE HOCHSCHILD EN SU LIBRO DE 1979, *THE MANAGED HEART*. EL TÉRMINO HACE REFERENCIA A LA LABOR NO REMUNERADA QUE SUPONE GESTIONAR LAS EMOCIONES –PROPIAS Y AJENAS– TANTO EN EL TRABAJO COMO EN EL HOGAR, Y QUE ES REALIZADA EN MUY ALTA PROPORCIÓN POR MUJERES.

EL TRABAJO EMOCIONAL PUEDE SER TAN EXIGENTE COMO EL TRABAJO FÍSICO, ESPECIALMENTE CUANDO SE REQUIERE SUPRIMIR LOS SENTIMIENTOS PERSONALES PARA SATISFACER LAS NECESIDADES DE OTRAS PERSONAS.

SE ESPERA QUE LAS TRABAJADORAS SE CUIDEN DE LAS EMOCIONES CAMBIANTES DE LAS PERSONAS A LAS QUE ESTÁN ASISTIENDO Y QUE APAGUEN LAS PROPIAS.

LA COMPENSACIÓN MONETARIA EN LAS EMPRESAS DE SERVICIOS EN LAS QUE ESTÁN EMPLEADAS PREDOMINANTEMENTE MUJERES ES MUCHO MÁS BAJA QUE EN LAS EMPRESAS DOMINADAS POR HOMBRES.

LOS GRÁFICOS DE SENTIMIENTOS SON ÚTILES PARA LOS NIÑOS E INCLUSO PARA LOS ADULTOS QUE TIENEN PROBLEMAS PARA NOMBRAR E IDENTIFICAR SENTIMIENTOS. CUANDO TENEMOS UN SENTIMIENTO PARTICULAR, EL GRÁFICO NOS AYUDA A RECONOCER ESA EMOCIÓN Y A LLORAR SI ES NECESARIO.

¿QUÉ SENTÍS HOY?

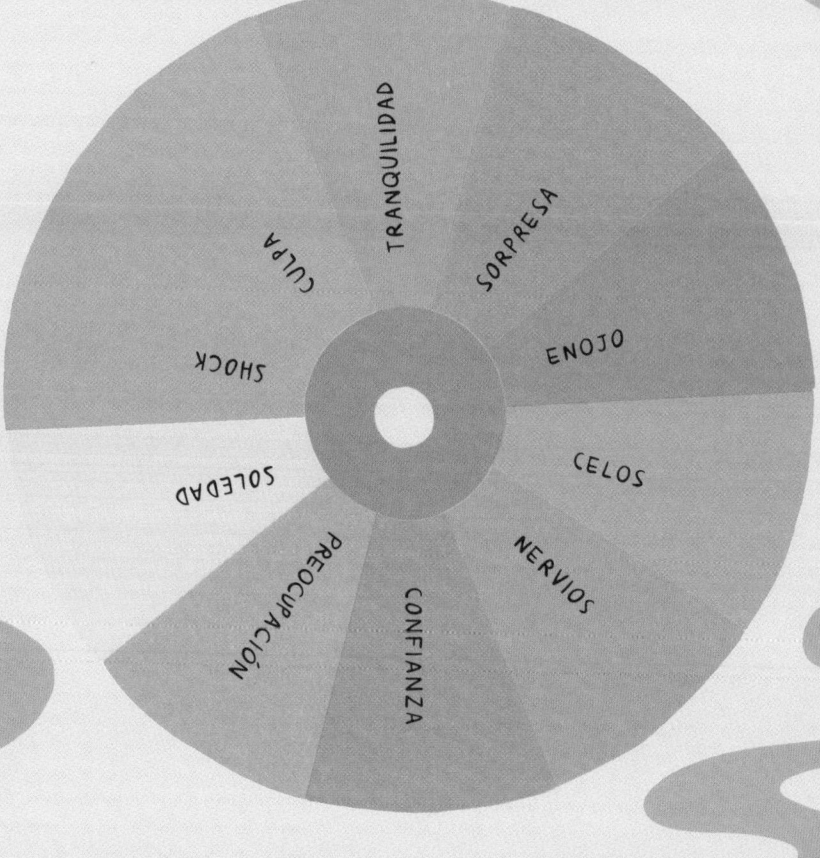

TRANQUILIDAD

SORPRESA

CULPA

ENOJO

SHOCK

CELOS

SOLEDAD

NERVIOS

PREOCUPACIÓN

CONFIANZA

LLORAR REQUIERE PRÁCTICA

HIDEFUMI YOSHIDA ES UN PROFESOR DE LÁGRIMAS QUE VIAJA POR JAPÓN PARA AYUDAR A LOS ADULTOS A LLORAR MÁS. YOSHIDA PROCLAMA QUE LA TERAPIA DEL LLANTO ES UNA FORMA DE DESINTOXICAR LA MENTE SI SE LA OBLIGA A DERRAMAR LÁGRIMAS AUNQUE SOLO SEA POR UNOS POCOS MINUTOS CADA MES.

EN UNA SOCIEDAD DONDE CONTENER LAS LÁGRIMAS SE CONSIDERA UNA VIRTUD, YOSHIDA QUIERE QUE LA GENTE LIBERE TODA ESA TENSIÓN A TRAVÉS DE ESTA RESPUESTA EMOTIVA.

"EL ACTO DE LLORAR ES MÁS EFECTIVO QUE REÍR O DORMIR PARA REDUCIR EL ESTRÉS. SI LLORÁS UNA VEZ POR SEMANA, PODÉS VIVIR UNA VIDA LIBRE DE ESTRÉS", DICE YOSHIDA.

 MIÉRCOLES 5 DE MAYO DE 2021: LLORÉ DURANTE UNA CLASE VIRTUAL DE GIMNASIA.

YOSHIDA HACE LLORAR A LOS PACIENTES UTILIZANDO VIDEOS, PONIENDO MÚSICA, LEYENDO LIBROS ILUSTRADOS Y HACIÉNDOLES COMPARTIR HISTORIAS. SUS TALLERES CONSISTEN EN CINCO PASOS.

1- PROYECCIÓN DE VIDEO INSPIRADOR, LECTURA DE CUENTOS

EN ESTE PRIMER PASO, YOSHIDA MUESTRA A LA CLASE VIDEOS EMOCIONALES. OBSERVA QUE CADA UNO POSEE UN PUNTO DE LLANTO DIFERENTE EN CADA VIDEO Y QUE EL PUNTO DESENCADENANTE DE LAS LÁGRIMAS TIENE ALGO QUE VER CON LA EXPERIENCIA PASADA DE CADA INDIVIDUO.

2- TALLER DE USO DE PALABRAS PARA LIBERAR ESTRÉS

LOS ESTUDIANTES ESCRIBEN UNA "PALABRA QUE LOS HACE LLORAR" EN UN PAPEL EN FORMA DE LÁGRIMA Y SE LA ENVÍAN AL INSTRUCTOR.
EL PROFESOR DARÁ CONSEJOS BASADOS EN LAS PALABRAS Y EXPLICARÁ CÓMO LAS LÁGRIMAS PUEDEN SER ÚTILES PARA CADA ALUMNO EN CONCRETO.

3- CREAR UNA HISTORIA DE LLANTO

LOS PARTICIPANTES SE CONVIERTEN EN ORADORES Y OYENTES Y COMPARTEN HISTORIAS DE LLANTO PARA MEJORAR LA EMPATÍA. LOS COMENTARIOS QUE TODOS RECIBEN PUEDEN RECORDARLES LO ÚTIL QUE PUEDE SER COMPARTIR LÁGRIMAS.

4- SEMINARIO SOBRE LAS LÁGRIMAS EMOCIONALES

EL INSTRUCTOR DA UNA CONFERENCIA SOBRE LOS EFECTOS DE LAS LÁGRIMAS.

5- REUNIÓN PARA HABLAR CON TODOS

LAS PERSONAS COMPARTEN SUS EXPERIENCIAS DE LLANTO E INTERACTÚAN ENTRE SÍ. INTERCAMBIAN OPINIONES SOBRE DÓNDE LLORARON, POR QUÉ LLORARON O POR QUÉ NO LO HICIERON.

LOS VIDEOS NO SE LIMITAN AL AMOR FAMILIAR NI A LA VIDA Y LA MUERTE HUMANAS. CADA VIDEO TIENE MUCHOS ASPECTOS QUE CUESTIONAN LO QUE LA FORTALEZA, LA BONDAD Y LA CALIDEZ PROVOCAN. TODA LA EXPERIENCIA PUEDE SER UNA OPORTUNIDAD PARA PENSAR DÓNDE ESTÁ CADA UNO EN SU PROPIA VIDA.

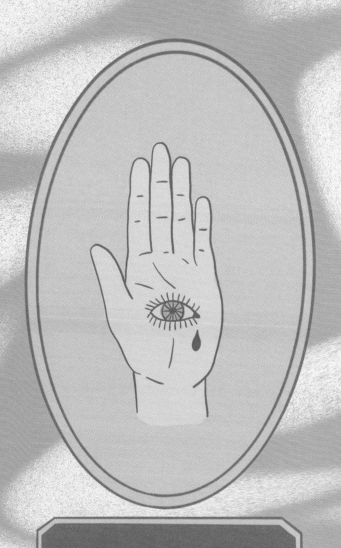

LÁGRIMAS EXISTENCIALES

LAS LÁGRIMAS TIENEN UN PROPÓSITO: EL LLANTO HUMANO SIEMPRE HA SIDO PARTE DE LA EVOLUCIÓN, AYUDÁNDONOS A ADAPTARNOS A NUEVAS REALIDADES. NO TIENE SENTIDO MANTENERLAS DENTRO. LAS LÁGRIMAS LUBRICAN LA VIDA, EL NACIMIENTO Y LA MUERTE. LLORAR FORMA PARTE DE ACTOS DE AMOR PÚBLICOS VISIBLES Y EXPRESIONES PRIVADAS DE DOLOR.

 LUNES 12 DE SEPTIEMBRE DE 2022: LLORÉ LIMPIANDO EL HORNO Y ME SENTÍ LISTA PARA LA PRÓXIMA ETAPA DE MI VIDA.

¿ALGUNA VEZ LLORASTE PENSANDO EN EL FUTURO?
¿PENSASTE ALGUNA VEZ QUE QUIZÁS LAS LÁGRIMAS HUMANAS SON LA CLAVE DEL MISTERIO DE NUESTROS PENSAMIENTOS?
QUIZÁS AL LLORAR POR LOS DEMÁS Y POR NUESTRO MUNDO PODEMOS DESBLOQUEAR UN MAÑANA MEJOR.

LLORANDO EN LOS SUEÑOS

ALGUNOS ESPECIALISTAS SUGIEREN QUE DESPERTAR LLORANDO DE UN SUEÑO OCURRE CUANDO TU MENTE INCONSCIENTE FINALMENTE TOCA ALGÚN DOLOR PROFUNDO Y ENTERRADO. DESPERTAR LLORANDO ES ALGO BUENO Y SANADOR. RECUERDES O NO EL SUEÑO, ES MEJOR QUE LAS LÁGRIMAS ESTÉN AFUERA QUE DENTRO DE TU CUERPO.

ALGUNOS EXPERTOS DICEN QUE LLORAR EN LOS SUEÑOS REPRESENTA EL PERDÓN Y EL LAVADO DE VIEJOS SENTIMIENTOS. PODEMOS SENTIRNOS CASI RESTAURADOS Y REJUVENECIDOS AL DESPERTAR DEL SUEÑO.

 DOMINGO 5 DE JUNIO DE 2022: ME DESPERTÉ DE UN SUEÑO, Y ESTABA LLORANDO LÁGRIMAS DE VERDAD.

DURANTE EL PRIMER MES DE LA PANDEMIA DE LA COVID-19, TENÍA SUEÑOS VÍVIDOS TODAS LAS NOCHES. CREO QUE ENTRÉ EN MODO SUPERVIVENCIA. EN MIS SUEÑOS DE CUARENTENA, LLORÉ Y ABRACÉ A MI MAMÁ Y A MI ABUELA. SENTÍA LA TEXTURA Y EL OLOR SUAVE DE SU ROPA.

A VECES LAS LÁGRIMAS QUE DERRAMO EN LOS SUEÑOS ME AYUDAN A NAVEGAR LAS IMPREDECIBLES AGUAS DE LA VIDA REAL.

DURANTE LA VIGILIA, A VECES FINGIMOS QUE NO PASA NADA COMO UNA MANERA DE ENFRENTAR UNA CIRCUNSTANCIA DIFÍCIL. NEGAR LOS SENTIMIENTOS ES COMO UNA CURITA; FUNCIONA A NIVEL SUPERFICIAL, PERO LA CICATRIZ MÁS PROFUNDA AÚN DUELE POR DEBAJO. LA ACUMULACIÓN GRADUAL DE CICATRICES EMOCIONALES SIN RESOLVER PUEDE AFECTAR A LA VIDA COTIDIANA Y AUMENTA EL ESTRÉS.

A VECES EL DUELO SE ABRE DURANTE LOS SUEÑOS Y TE DESPERTÁS LLORANDO EN LA NOCHE, PORQUE TU SUBCONSCIENTE TE AYUDA A LIBERAR SENTIMIENTOS QUE SON DIFÍCILES DE PROCESAR DURANTE EL DÍA.

ALGUNAS RAZONES POR LAS CUALES QUIZÁS NO SEAS CAPAZ DE LLORAR.

LOS PSICÓLOGOS HAN ESBOZADO NUEVAS TEORÍAS ALREDEDOR DE POR QUÉ ALGUNAS PERSONAS NO PUEDEN SEGREGAR LÁGRIMAS, YA SEAN LÁGRIMAS EMOCIONALES O LAS LÁGRIMAS BASALES QUE MANTIENEN LOS OJOS LUBRICADOS.

LOS OFTALMÓLOGOS TRATAN EL "OJO SECO" COMO UN PROBLEMA MÉDICO. LOS TERAPEUTAS TAMBIÉN DESTACAN QUE LA COMUNICACIÓN EMOCIONAL PELIGRA EN QUIENES CARECEN DE LÁGRIMAS.

ALGUNAS PERSONAS EXPERIMENTAN LA SENSACIÓN DE LLORAR, AUNQUE SUS LÁGRIMAS NO CAIGAN. OTRAS NO TIENEN GANAS DE LLORAR EN ABSOLUTO.

ALGUNAS EXPLICACIONES MÉDICAS:

- QUERATOCONJUNTIVITIS SECA:

MÁS COMÚNMENTE CONOCIDA COMO SÍNDROME DEL OJO SECO, DISMINUYE LA SEGREGACIÓN DE LÁGRIMAS.

GENERALMENTE SE ASOCIA CON:

* CAMBIOS HORMONALES RELACIONADOS CON EL EMBARAZO O LA MENOPAUSIA.
* EDAD, YA QUE LOS OJOS SECOS SON MUY COMUNES EN LA EDAD ADULTA AVANZADA.
* DIABETES.
* PROBLEMAS TIROIDEOS.
* ARTRITIS REUMATOIDE.
* USO DE LENTES DE CONTACTO.
* INFLAMACIÓN O TRASTORNOS DE LOS PÁRPADOS.

OTRAS CAUSAS INHIBIDORAS DEL LLANTO

- SÍNDROME DE SJÖGREN:

UNA CONDICIÓN AUTOINMUNE QUE EN GENERAL SE DESARROLLA CON UNA INFECCIÓN VIRAL O BACTERIANA. EL SÍNDROME DE SJÖGREN HACE QUE LOS GLÓBULOS BLANCOS DEL CUERPO ATAQUEN LAS GLÁNDULAS QUE PRODUCEN HUMEDAD, COMO LOS CONDUCTOS LACRIMALES Y LAS MEMBRANAS MUCOSAS. ESTO PUEDE PROVOCAR OJOS SECOS Y BOCA SECA.

- FACTORES AMBIENTALES:

UN CLIMA SECO O VENTOSO PUEDE SER LA RAZÓN POR LA QUE NO SE SEGREGAN TANTAS LÁGRIMAS. ESTO SUCEDE PORQUE LA SEQUEDAD DEL AIRE HACE QUE LAS LÁGRIMAS SE EVAPOREN RÁPIDAMENTE. TAMBIÉN PUEDE OCURRIR SI HAY HUMO DEBIDO A INCENDIOS U OTRA SITUACIÓN AMBIENTAL EXTRAORDINARIA.

- MEDICAMENTOS:

ALGUNOS PUEDEN LLEVAR A UNA DISMINUCIÓN DE LA SEGREGACIÓN DE LÁGRIMAS. PODÉS NOTAR DIFICULTAD PARA LLORAR AL TOMAR:
- MEDICAMENTOS PARA LA PRESIÓN ARTERIAL.
- PÍLDORAS ANTICONCEPTIVAS, SOBRE TODO SI TAMBIÉN USÁS LENTES DE CONTACTO.
- INHIBIDORES SELECTIVOS DE LA RECAPTACIÓN DE SEROTONINA.
- ANTIHISTAMÍNICOS O DESCONGESTIVOS.

OTROS FACTORES QUE PODRÍAN AFECTAR A TU LLANTO

SI NO EXISTE UNA CONDICIÓN MÉDICA QUE AFECTE A LA SEGREGACIÓN DE LÁGRIMAS, LA FALTA DE LLANTO PODRÍA RELACIONARSE POTENCIALMENTE CON FACTORES PSICOLÓGICOS.

LOS DIFERENTES SUBTIPOS DE DEPRESIÓN PUEDEN PROVOCAR NUMEROSOS SÍNTOMAS, INCLUYENDO NO LLORAR. NO TODAS LAS PERSONAS QUE VIVEN CON DEPRESIÓN LA EXPERIMENTARÁN DE LA MISMA FORMA.

DEPRESIÓN MELANCÓLICA

CON ESTE TIPO DE DEPRESIÓN PODÉS SENTIR:

* POCAS EMOCIONES O APATÍA.
* LENTITUD Y LANGUIDEZ.
* DESESPERANZA, SENTIMIENTOS SOMBRÍOS O DESESPERACIÓN.
* DESINTERÉS POR EL MUNDO QUE TE RODEA.

ANHEDONIA

DESCRIBE UNA PÉRDIDA DE INTERÉS EN ACTIVIDADES SOCIALES O SENSACIONES FÍSICAS. NO SOLO EXPERIMENTÁS UNA DISMINUCIÓN DEL PLACER; TAMBIÉN PODÉS LLEGAR A NOTAR UNA MENOR CAPACIDAD PARA EXPRESAR TUS EMOCIONES. ALGUNAS PERSONAS CON ANHEDONIA OBSERVAN QUE YA NO PUEDEN LLORAR FÁCILMENTE, O NO PUEDEN LLORAR EN ABSOLUTO.

EMOCIONES REPRIMIDAS

A ALGUNAS PERSONAS LES RESULTA DIFÍCIL MANEJAR LAS EMOCIONES, POR LO QUE LAS DEJAN A UN LADO O LAS OCULTAN COMPLETAMENTE PARA AVANZAR. ESTA SUPRESIÓN PUEDE SER PROVOCADA AL PRINCIPIO, PERO LUEGO SE VA VOLVIENDO AUTOMÁTICA.

CON EL TIEMPO, TAL VEZ EXPERIMENTES LA MAYORÍA DE TUS EMOCIONES SUAVEMENTE. INCLUSO SI SUCEDE ALGO MUY TRISTE, ES POSIBLE QUE NO MUESTRES MUCHA REACCIÓN.

REPRIMIR LAS EMOCIONES NO AFECTA A TU CAPACIDAD FÍSICA DE LLORAR, PERO LAS LÁGRIMAS NO LLEGARÁN.

SENTIMIENTOS PERSONALES SOBRE LLORAR

ES CIERTO QUE ALGUNAS PERSONAS PUEDEN CREER QUE LLORAR MUESTRA VULNERABILIDAD O SUGIERE DEBILIDAD Y, COMO RESULTADO, INTENTAN REPRIMIR LAS LÁGRIMAS APOSTA. CON EL TIEMPO, CON ESFUERZOS REPETIDOS POR CONTENER LAS LÁGRIMAS, ALGUNAS PERSONAS PUEDEN DESCUBRIR QUE SE VUELVEN MENOS PROPENSAS A LLORAR Y LAS LÁGRIMAS DEJAN DE BROTAR CON TANTA FRECUENCIA. EN GENERAL, LAS PERSONAS EMPIEZAN A PERCIBIR EL LLANTO COMO UNA SEÑAL DE DEBILIDAD CUANDO QUIENES LOS RODEAN, INCLUIDOS PADRES, HERMANOS Y COMPAÑEROS, LOS AVERGÜENZAN POR LLORAR DURANTE LA INFANCIA.

LA INCAPACIDAD DE LLORAR TAMBIÉN PUEDE REFORZAR UN COMPORTAMIENTO APRENDIDO. SI ALGUIEN NUNCA VE LLORAR A SUS FAMILIARES Y SERES QUERIDOS, ES POSIBLE QUE JAMÁS APRENDA A PERCIBIR EL LLANTO COMO UNA FORMA NATURAL DE EXPRESIÓN EMOCIONAL.

¿CONTENÉS TUS LÁGRIMAS EN MUCHAS SITUACIONES?

CUANDO ESTÁS A PUNTO DE LLORAR PERO INTENTÁS BLOQUEAR LAS LÁGRIMAS, TU CEREBRO REGISTRA CIERTA TENSIÓN Y ESTRÉS. EL SISTEMA NERVIOSO SIMPÁTICO ACELERA EL RITMO CARDÍACO Y AUMENTA LAS CONTRACCIONES DEL MÚSCULO CARDÍACO. UN ESTADO CASI ZEN APARECE DESPUÉS DE LLORAR, Y ES PORQUE TU RESPIRACIÓN SE ESTABILIZA Y TU FRECUENCIA CARDÍACA DISMINUYE.

 DOMINGO 17 DE ENERO DE 2021: LLORÉ POR NO HABER LLORADO.

LOS BENEFICIOS DE UN BUEN LLANTO

* TIENE EFECTOS CALMANTES.

* ES UNA MANERA DE SOLICITAR AYUDA Y OBTENER APOYO DE LOS DEMÁS, SIN SIQUIERA PEDIRLO.

* LIBERA ESTRÉS Y TOXINAS.

* TIENE EFECTOS PARA MEJORAR EL SUEÑO.

* MANTIENE LOS OJOS LIMPIOS.

* PODRÍA DARLE UN IMPULSO A TU ESTADO DE ÁNIMO.

* AYUDA A RECUPERARSE DEL DUELO.

* RESTAURA EL EQUILIBRIO EMOCIONAL.

* PUEDE EXPRESAR AMOR PROFUNDO.

* PUEDE AYUDARTE A CONECTARTE CON EL ARTE.

169

NOSTALGIA

¿ALGUNA VEZ OLISTE UN PERFUME QUE TE TRANSPORTÓ DE REGRESO A
TU INFANCIA Y DE REPENTE TE DIERON GANAS DE LLORAR?
LA NOSTALGIA ES UN SENTIMIENTO COMPLEJO QUE SE PUEDE DESCRIBIR COMO AGRIDULCE.
ESTA EMOCIÓN PUEDE SER DISPARADA POR OLORES FAMILIARES, FOTOS ANTIGUAS,
COMIDA CASERA, LUGARES DEL PASADO Y PROBABLEMENTE POR CUALQUIER COSA
QUE PUEDA TRAER UN RECUERDO A TU MENTE.

NO VIVO ATRAPADA EN MIS PROPIOS RECUERDOS, PERO DISFRUTO ACTIVANDO
RECUERDOS ROSADOS PARA SENTIR AMOR Y ESPERANZA.
GENERALMENTE, TERMINO LLORANDO CUANDO MIRO FOTOS Y VIDEOS FAMILIARES
VIEJOS, PERO INTENTO USAR ESOS SENTIMIENTOS Y RECUERDOS PARA
IMPULSARME HACIA UN FUTURO BRILLANTE.

 VIERNES 14 DE ABRIL DE 2023: LLORÉ EN LA PELUQUERÍA DESPUÉS DE
HACERME EL MISMO CORTE DE PELO QUE TENÍA A LOS SEIS AÑOS.

LÁGRIMAS EN EL AIRE

TENÍA VEINTITRÉS AÑOS CUANDO ME MUDÉ POR PRIMERA VEZ SOLA, A OTRO CONTINENTE. HABÍA GANADO UNA BECA PARA ESTUDIAR FOTOGRAFÍA EN EL INSTITUTO DE DISEÑO DE MILÁN, Y RÁPIDAMENTE DECIDÍ DEJAR ATRÁS BUENOS AIRES Y RECORRER 11.000 KILÓMETROS EN UN VUELO TRANSATLÁNTICO.

TODAVÍA ME ACUERDO DE LAS CARAS DE MIS PADRES CUANDO ME DESPIDIERON EN EL AEROPUERTO, SENTÍ QUE TAMBIÉN SE DESPEDÍAN DE TODA MI INFANCIA. EMPECÉ A LLORAR APENAS ME SENTÉ EN EL AVIÓN Y SEGUÍ DESPARRAMANDO LÁGRIMAS DURANTE TODO EL VUELO. LLORÉ CUANDO UNA TRIPULANTE ME PREGUNTÓ SI QUERÍA ALGO DE COMER. MIS LÁGRIMAS SALTABAN MIENTRAS MIRABA *MAMMA MIA!* EN LA DIMINUTA PANTALLA DEL AVIÓN.

PRÁCTICAMENTE TODOS LOS PASAJEROS AÉREOS QUIEREN EVITAR SENTARSE CERCA DE UN BEBÉ QUE LLORA, PERO LOS ADULTOS TAMBIÉN SON CULPABLES DE LLORAR Y LAGRIMEAR EN LAS ALTURAS.
LA ORGANIZACIÓN MUNDIAL DE LA SALUD AFIRMA QUE EL CAMBIO DE PRESIÓN DEL AIR EN EL INTERIOR DE LAS CABINAS Y LA FALTA DE CONTROL SOBRE EL ENTORNO PUEDEN AFECTAR FISIOLÓGICAMENTE A LAS PERSONAS, LLEGANDO A CAUSAR DESHIDRATACIÓN Y ALTIBAJOS EMOCIONALES UNA VEZ EN VUELO.

PARA LAS PERSONAS ANSIOSAS COMO YO, EL SIMPLE HECHO DE PLANIFICAR UN VIAJE O LLEGA A UN AEROPUERTO PUEDE SEÑALAR UNA AMENAZA PARA EL CEREBRO. EL ESTRÉS QUE ANTECEDE AL VIAJE PUEDE DESENCADENAR UNA LIBERACIÓN EMOCIONAL Y CONVERTIRSE EN LÁGRIMAS TRAS EL DESPEGUE. DESPEDIRSE DE LOS SERES QUERIDOS QUE QUEDAN ATRÁS, AUNQUE SEA POR VACACIONES, ES EMOCIONALMENTE CONMOVEDOR.

ESTILOS DE LLANTO AÉREO

LLANTO "HOLLYWOOD": CON ANTEOJOS
CUROS Y SOMBRERO. PUEDE SER
NFUNDIDO CON UNA
LEBRIDAD.

EL MÁSTER EN PAÑUELOS: PONE VARIAS
CAJAS DE PAÑUELOS SOBRE LA MESITA DEL
AVIÓN. SIEMPRE LISTO PARA UN BUEN LLANTO
EN EL CIELO.

EL PASAJERO MISTERIOSO: SE
SCONDE DEBAJO DE LAS MANTAS Y
SE BAJA DEL AVIÓN FINGIENDO
QUE TENÍA ALGO EN EL OJO.

A CATARATA ICÓNICA: ELIGE LA
PELÍCULA MÁS TRISTE DEL
ENTRETENIMIENTO A BORDO Y ABRE
LOS CONDUCTOS LACRIMALES
IN VERGÜENZA.

LLANTOS FELICES: ESTÁ TAN
FELIZ DE LLEGAR A SU DESTINO
FINAL QUE LLORA Y APLAUDE
CUANDO EL AVIÓN GOLPEA EL
ASFALTO.

LLANTO Y DUELO

LA MUERTE ES INEVITABLE, EL FINAL INEXORABLE DE NUESTRA EXISTENCIA HUMANA. SIN EMBARGO, LAS RESPUESTAS CULTURALES AL DUELO NO SON SIEMPRE LAS MISMAS. TODAS LAS SOCIEDADES GESTIONAN SUS DESPEDIDAS DE DIFERENTES MANERAS. AUNQUE LAS CEREMONIAS SON ESPECÍFICAS EN CADA CULTURA Y UBICACIÓN DETERMINADA, LA TENDENCIA A LLORAR CON LA MUERTE ES BASTANTE COMÚN EN TODO EL MUNDO.

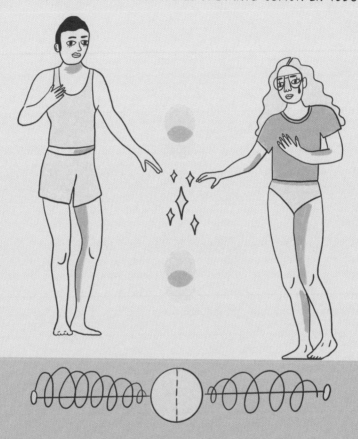

EL DUELO ES UN PROCESO LARGO. IMPLICA PERIODOS DE IRA, DOLOR, ADORMECIMIENTO, CULPA Y ESTUPEFACCIÓN. LLORAR ES PARTICULARMENTE IMPORTANTE, YA QUE PUEDE AYUDARNOS A PROCESAR Y ACEPTAR LA PÉRDIDA DE UN SER QUERIDO.

 MIÉRCOLES 6 DE ABRIL DE 2022: LLORÉ TODO EL DÍA PORQUE MI ABUELA ÁNGELA FALLECIÓ. ME SENTÍ DESHIDRATADA Y DEFORME.

ACEPTAR LA PÉRDIDA DE UN SER QUERIDO NUNCA ES UN PROCESO FÁCIL, PERO LAS LÁGRIMAS GENERALMENTE NOS AYUDAN A SUPERAR EL DOLOR PARA CELEBRAR LA VIDA Y EL VALIOSO TIEMPO QUE COMPARTIMOS CON ELLOS.

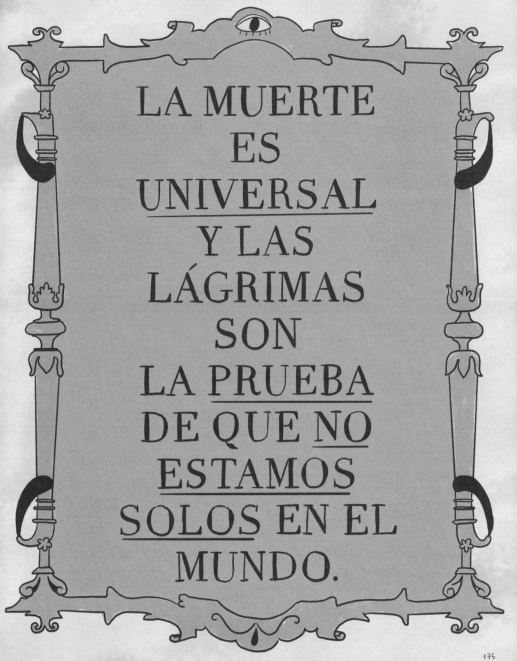

LA MUERTE ES UNIVERSAL Y LAS LÁGRIMAS SON LA PRUEBA DE QUE NO ESTAMOS SOLOS EN EL MUNDO.

CUANDO MI ADORADA ABUELA ÁNGELA MURIÓ, YO ESTABA A 8.000 KILÓMETROS DE SU CASA. ESE DÍA, MI PAPÁ ME LLAMÓ PARA DECIRME QUE SU CORAZÓN FINALMENTE SE HABÍA DETENIDO. SALÍ A LLORAR MIENTRAS CAMINABA POR LAS CALLES DE NUEVA YORK, DEBAJO DE LOS RASCACIELOS. ME SENTÍA UNA HORMIGA TRISTE. AL LLEGAR A CASA, LLORÉ DURANTE CUATRO DÍAS SEGUIDOS. CUANDO DEJABA DE LAGRIMEAR, ME ACORDABA DE ALGO, PENSABA EN UNA DE NUESTRAS AVENTURAS JUNTAS Y ME PONÍA A LLORAR DE NUEVO.

CUANDO LAS LÁGRIMAS LAVARON LA TRISTEZA DENTRO DE MI CEREBRO, SOLO QUEDÓ EL AMOR MÁS PURO. SEIS MESES DESPUÉS DE SU MUERTE, VOLVÍ A BUENOS AIRES Y VISITÉ SU CASA. ENCONTRÉ UNA FOTO NUESTRA Y UN COLLAR DE PERLAS QUE ME PUSE ALREDEDOR DEL CUELLO. LAS LÁGRIMAS PETRIFICARON LOS RECUERDOS QUE TENEMOS JUNTAS, Y ESOS PENSAMIENTOS SE CONVIRTIERON EN BRILLANTES TESOROS DENTRO DE MI MENTE.

DUELO COLECTIVO

EL DUELO COLECTIVO OCURRE CUANDO UNA COMUNIDAD, SOCIEDAD O NACIÓN EXPERIMENTA UN CAMBIO O PÉRDIDA EXTREMA. EL DUELO COLECTIVO PUEDE MANIFESTARSE DEBIDO A EVENTOS IMPORTANTES COMO GUERRAS, DESASTRES NATURALES, PANDEMIAS U OTROS EPISODIOS QUE PROVOCAN MUCHAS VÍCTIMAS O TRAGEDIAS INESPERADAS.

CUANDO EL DUELO SE PRODUCE EN COLABORACIÓN, LA CURA TAMBIÉN DEBE SERLO. CUANDO UNA TRAGEDIA DE CUALQUIER NATURALEZA GOLPEA A UNA COMUNIDAD, IMPACTA NO SOLO A CADA INDIVIDUO A SU MANERA, SINO A LA COMUNIDAD EN SU CONJUNTO. REUNIRSE PARA LLORAR PÚBLICAMENTE AYUDA A REAFIRMAR ESOS VÍNCULOS SOCIALES. EN LUGAR DE DEJAR QUE CADA MIEMBRO DE LA COMUNIDAD LLORE POR SU CUENTA, LA EMPATÍA Y EL DUELO PÚBLICO PUEDEN AYUDAR A MANTENER A TODOS CONECTADOS Y FUERTES.

HAY PODERES TERAPÉUTICOS EN LA SOLIDARIDAD: EL SIMPLE HECHO DE VER CÓMO LA COMUNIDAD QUE NOS RODEA SE UNE PARA RECUPERARSE PUEDE AYUDARNOS, COMO INDIVIDUOS, A CURARNOS DE LA PÉRDIDA Y EL DOLOR.

LLORAR JUNTXS NOS MANTIENE UNIDXS.

MARTES 8 DE FEBRERO DE 2022: LLORÉ AL PASAR POR LA SEGURIDAD DEL AEROPUERTO. OTRA CHICA TAMBIÉN LLORABA A MI LADO. LLORAMOS JUNTAS SIN DECIR UNA PALABRA.

UN CUARTO PARA LLORAR

UNA SALA DE LLANTO ES UN ESPACIO DISEÑADO PARA QUE LAS PERSONAS LLEVEN A BEBÉS O NIÑOS CHIQUITOS Y EVITAR DISTRAER A LOS DEMÁS CON SUS LÁGRIMAS Y GRITOS. ESTAS HABITACIONES SE HICIERON POPULARES EN LA DÉCADA DE 1950 Y GENERALMENTE SE ENCUENTRAN EN IGLESIAS, TEATROS Y CINES. LAS SALAS DE LLANTO SUELEN ESTAR INSONORIZADAS PARA DISMINUIR EL RUIDO.

EN 2021, UNA INSTALACIÓN LLAMADA "LA LLORERÍA" SE INAUGURABA EN EL CORAZÓN DE MADRID. ERA UNA HABITACIÓN ROSADA ADONDE PODÍAS IR A LLORAR. EL PROYECTO TENÍA COMO OBJETIVO ELIMINAR EL ESTIGMA SOCIAL RELACIONADO CON LA SALUD MENTAL, EL LLORAR Y LA BÚSQUEDA DE AYUDA. CUALQUIER PERSONA ERA BIENVENIDA EN ESTE ESPACIO. EL NOMBRE ALUDÍA A LA EXPRESIÓN POPULAR "A LLORAR A LA LLORERÍA".

CADA NOCHE DEL AÑO 1996, LE PEDÍ A MI MAMÁ QUE PUSIERA EL VHS DE SU BODA CON MI PAPÁ. EN MI MENTE ERA LA MEJOR PELÍCULA JAMÁS HECHA. ME OBSESIONÉ CON LA COMIDA Y LOS VESTIDOS OCHENTEROS, Y LLORABA CON MIS PADRES BAILANDO EL VALS. LLORÉ POR UNA PARTE DE MI PROPIA HISTORIA EN LA QUE YO NI SIQUIERA EXISTÍA.

 VIERNES 3 DE JUNIO DE 2022: LLORÉ Y AUTOMÁTICAMENTE HICE EL SÍMBOLO DE "PAZ Y AMOR" CON MIS DEDOS.

LAS LÁGRIMAS NOS PERMITEN CELEBRAR Y LLORAR, ABRAZAR NUEVOS
SENTIMIENTOS Y SOLTAR EL VIEJO DOLOR ENTERRADO.

LAS LÁGRIMAS REPRESENTAN LA TENSIÓN DE LOS OPUESTOS.
JUSTO DEBAJO DE LÁGRIMAS FELICES Y OCASIONES ALEGRES,
HAY UNA PÉRDIDA QUE APARECE POR UN TIEMPO QUE NO VOLVERÁ.

"QUE EL AMOR VERDADERO QUE COMPARTEN LES PERMITA SIEMPRE LLORAR Y CAMINAR JUNTOS".

SOCIOS EN EL LLANTO

EN TODA RELACIÓN HUMANA, CUANDO LLORÁS CON ALGUIEN Y COMPARTÍS FELICIDAD O DOLOR, TE CONVERTÍS EN UNO. AL FUSIONAR LÁGRIMAS AUTÉNTICAS, EXPANDÍS EL AMOR Y LA PAZ EN EL MUNDO. EL LLANTO SINCERO Y EL AMOR VERDADERO NOS AGRANDAN Y NOS DAN ESPACIO PARA TENER BUEN CORAZÓN.

LLORANDO JUNTOS POR SIEMPRE.

 DOMINGO 9 DE ENERO DE 2022: LLORÉ CON MI PAREJA, MIENTRAS ME APLICABA UNA INYECCIÓN HORMONAL.

ACEPTAR A ALGUIEN QUE LLORA ES ESENCIALMENTE DECIRLE QUE SU REACCIÓN TIENE SENTIDO Y QUE PUEDE EXPRESAR LA EMOCIÓN FÍSICA LIBREMENTE. LOS HUMANOS SON MUY DIVERSOS Y REACCIONAN DE DIFERENTES MANERAS, POR LO TANTO ACEPTAR LAS LÁGRIMAS DE OTRO ES MUY SANADOR PARA TODOS, Y ES UNA BUENA PRÁCTICA PARA NIÑOS Y ADULTOS.

LLORANDO EN LA INTIMIDAD

LLORAR DURANTE EL SEXO CONSENSUAL PUEDE SER UNA EXPERIENCIA COMPLETAMENTE NORMAL. UN ORGASMO INTENSO ILUMINA TODO EL CEREBRO Y TODAS LAS EMOCIONES SE AMPLIFICAN. LA COMBINACIÓN DE INTENSIDAD FÍSICA Y EMOCIONAL PUEDE HACERTE LLORAR O LAGRIMEAR DE PLACER. ESTAS PODRÍAN SER LÁGRIMAS DE FELICIDAD, LÁGRIMAS DE ALIVIO O UN POCO DE MELANCOLÍA. LAS LÁGRIMAS DURANTE O DESPUÉS DEL SEXO TAMBIÉN PUEDEN SER UNA REACCIÓN FÍSICA.

¿QUÉ HACER CON EL LLANTO DURANTE LAS RELACIONES SEXUALES?

POR DOLOR FÍSICO O MOLESTIAS DURANTE O DESPUÉS DEL SEXO, CONSULTÁ CON UN PROFESIONAL MÉDICO. MUCHOS FACTORES QUE CAUSAN ESTE TIPO DE SUFRIMIENTO SON TRATABLES.

DE LO CONTRARIO, PREGUNTÁ Y REFLEXIONÁ SOBRE LAS RAZONES DETRÁS DE TU LLANTO:

- ¿SENTISTE QUE TUS LÁGRIMAS ERAN FÍSICAS O EMOCIONALES?

- ¿FUERON SOLO UNAS LÁGRIMAS REFLEJAS O REALMENTE ESTABAS LLORANDO?

- ¿QUÉ PASÓ POR TU MENTE CUANDO EMPEZASTE A LLORAR? ¿FUERON TUS PENSAMIENTOS AGRADABLES O INQUIETANTES?

- ¿LAS LÁGRIMAS ALIVIARON TU TENSIÓN O LA AGRAVARON?

QUÉ HACER SI TU PAREJA SEXUAL LLORA:

- PREGUNTÁ SI ALGO ESTÁ MAL, PERO INTENTÁ NO CRITICAR. HABLALO SUAVEMENTE.

- OFRECÉ COMODIDAD PERO RESPETAL@ SI NECESITA ESPACIO.

- PREGUNTÁ CÓMO PODÉS AYUDAR.

- DALE TIEMPO. HABLALO MÁS TARDE. NO FORZAR EL TEMA SI AÚN NO QUIERE CONVERSAR.

- SIMPLEMENTE QUEDATE AHÍ PARA EL OTRO.

SI EL PROCESO DE COMPRENDER TUS LÁGRIMAS DURANTE EL SEXO TRAE SUTILES RECUERDOS DOLOROSOS O EMOCIONES UN TANTO DESAGRADABLES, NO DESCARTES EL LLANTO COMO ALGO INSIGNIFICANTE.

 VIERNES 18 DE FEBRERO DE 2022: LLORÉ AL ABRIRME CON MI PAREJA Y TODAS LAS PALABRAS SALIERON ENTRECORTADAS.

PARA MÍ, A VECES LAS LÁGRIMAS PUEDEN SER CONTAGIOSAS.
SIENTO QUE LAS PERSONAS QUE SE ALEJAN DE MÍ CUANDO LLORO O ME PIDEN
QUE DEJE DE LLORAR SE SIENTEN MENOS CÓMODAS CON SUS PROPIAS EMOCIONES
PERSONALES Y NO QUIEREN EMPEZAR A LLORAR POR TRANSFERENCIA. QUIZÁS
OTRAS SIENTAN QUE MIS LÁGRIMAS LAS OBLIGARÁN A TRANSITAR
SENTIMIENTOS QUE NO ESTÁN LISTAS PARA ENFRENTAR, Y ESTO ESTÁ BIEN.
CADA VEZ QUE LLORO DE FELICIDAD O TRISTEZA, DESEO QUE MÁS GENTE LLORE
CONMIGO PARA CREAR UNA SINFONÍA DE LÁGRIMAS.

 JUEVES 10 DE FEBRERO DE 2022: LLORÉ MIRANDO PATINAJE SOBRE HIELO
DURANTE LOS JUEGOS OLÍMPICOS DE INVIERNO EN LA TV. MIS LÁGRIMAS
SE SINTIERON COMO PARTE DE UNA DANZA DE COPOS DE NIEVE.

GENERALMENTE ME GUSTA MI CARA DESPUÉS DE UN BREVE LLANTO.

CUANDO ME SIENTO CANSADA O FEA, TRAIGO ALGUNOS RECUERDOS MENTALES PARA HACERME LLORAR UN POCO. ÚLTIMAMENTE HE ESTADO PENSANDO EN MI ABUELA MUERTA Y FUNCIONA A LA PERFECCIÓN.

SUELTO ALGUNAS LÁGRIMAS EN EL TREN, ANTES DE UNA REUNIÓN O DE CAMINO A UNA CENA.

CRY STREET

DESPUÉS DE LLORAR ME SIENTO DESCANSADA, BRILLANTE Y SUAVE COMO UNA NUBE FRESCA.

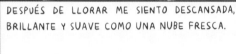

LÁGRIMAS EN EL ESPACIO

EN EL ESPACIO, LAS LÁGRIMAS NO CAEN HACIA ABAJO DEBIDO A LA GRAVEDAD CERO, SINO QUE FORMAN UNA BOLA ALREDEDOR DE LOS OJOS.
CLAYTON C. ANDERSON, ASTRONAUTA DE LA NASA, DIJO ESTO SOBRE SU EXPERIENCIA: "LLORÉ EN EL ESPACIO VARIAS VECES DEBIDO A ALGUNAS CIRCUNSTANCIAS MUY EMOCIONANTES. LLORAR ES EXACTAMENTE LO MISMO QUE AQUÍ EN LA TIERRA, EXCEPTO QUE LAS LÁGRIMAS NO CAEN. NO ES GRAN COSA EN ABSOLUTO. LAS EMOCIONES QUE EXPERIMENTÉ, SIN EMBARGO, FUERON MUY GRANDES".

 MIÉRCOLES 14 DE OCTUBRE DE 2020: LLORÉ MIRANDO EL CIELO NOCTURNO A TRAVÉS DE LA VENTANA DE UN AUTO EN MOVIMIENTO.

NUESTRO PLANETA ES ESPECIAL, LAS LÁGRIMAS CAEN SOBRE LA TIERRA.

AGUAS EMOCIONALES CORREN POR NUESTRA CARA, NUESTRAS MEJILLAS Y NUESTROS CORAZONES, COMO UN RÍO DE AMOR.

NO DEBERÍA EXISTIR LA CULPA POR LLORAR EN EL PLANETA TIERRA.

LLORAR EN EL MUNDO ES UN ACTO RADICAL

LLORANDO EN LA DUCHA

LAS PERSONAS QUE NO FORMAN CONEXIONES EMOCIONALES CON OTROS FÁCILMENTE
ES PROBABLE QUE LLOREN EN LA DUCHA PARA QUE LOS DEMÁS
NO LAS VEAN COMO VULNERABLES.
LLORAR EN LA DUCHA COMBINA DOS ACTIVIDADES HUMANAS RECONFORTANTES:
LLANTO Y LIMPIEZA. PUEDE SER MUY CATÁRTICO Y SATISFACTORIO.
POR MI PARTE, HAGO LA MAYOR PARTE DE MI VISUALIZACIÓN CREATIVA Y RESUELVO
PROBLEMAS MIENTRAS ME DUCHO.

 LUNES 31 DE AGOSTO DE 2020: LLORÉ Y TOMÉ AGUA AL MISMO TIEMPO,
DESHIDRATACIÓN E HIDRATACIÓN.

INTERACCIÓN HUMANO-ROBOT

NI LAS MÁQUINAS NI LA INTELIGENCIA ARTIFICIAL EXISTIRÍAN SIN LA INTELIGENCIA HUMANA. NO IMPORTA LO BIEN QUE LA GENTE PROGRAME LOS ROBOTS Y LAS MÁQUINAS, LA CAPACIDAD DE SENTIR EMOCIÓN ESPONTÁNEA Y EMPATÍA INTUITIVA ES LO QUE HACE QUE NUESTRAS INTERACCIONES SEAN ÚNICAS E INTRÍNSECAMENTE HUMANAS.

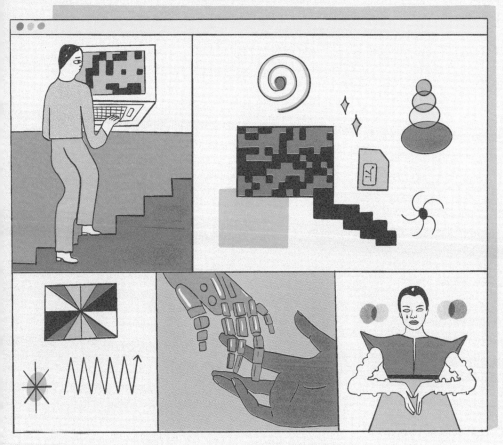

A MEDIDA QUE LA INTELIGENCIA ARTIFICIAL CAMBIA Y EVOLUCIONA, MÁS EMPRESAS TECNOLÓGICAS ESTÁN PERFECCIONANDO HERRAMIENTAS PARA MEDIR EMOCIONES VERBALES Y EXPRESIONES FACIALES. LOS INVESTIGADORES ESTÁN LANZANDO CHATBOTS AVANZADOS QUE PUEDEN IMITAR LAS EMOCIONES HUMANAS PARA CREAR CONEXIONES MÁS EMPÁTICAS CON LOS USUARIOS. EL PROBLEMA ES QUE, AUNQUE LOS ALGORITMOS PUEDEN PRODUCIR IMÁGENES QUE NOS HACEN LLORAR, O ENTRENARSE PARA RECONOCER EXPRESIONES DE EMOCIÓN, ESTAS NO CONSIDERAN TODO EL CONTEXTO DE LA SITUACIÓN. SI BIEN HAY SOFTWARES CAPACES DE RECONOCER QUE UNA PERSONA ESTÁ LLORANDO, NO LES ES POSIBLE INDAGAR EN LA RAZÓN Y EL SIGNIFICADO DETRÁS DE LAS LÁGRIMAS EN ESE MOMENTO EXACTO.

LOS MAPAS DE LLANTO OFRECEN A LAS PERSONAS UNA GUÍA DE LOS MEJORES LUGARES PARA DISFRUTAR Y CELEBRAR UN BUEN LLANTO.

"CRYING IN PUBLIC" ES UNA HERRAMIENTA DE MAPEO COLABORATIVO CREADA POR LA PROGRAMADORA KATE RAY. LA PÁGINA PRESENTA A LOS VISITANTES UN MAPA DEL ÁREA DE LA CIUDAD DE NUEVA YORK E INVITA A CUALQUIER PERSONA A MARCAR CON UN EMOJI LOS LUGARES DONDE HA LLORADO O VIVIDO SENTIMIENTOS FUERTES.

LLORAR EN PÚBLICO

A VECES LAS LÁGRIMAS GUÍAN TU CAMINO.

SEGUÍ LOS PASOS DE TUS LÁGRIMAS. TENER UN MAPA DE LLANTO PUEDE BRINDARTE UNA MUESTRA DE LAS MUCHAS COSAS QUE TE CONMUEVEN Y TAMBIÉN PUEDE CONVERTIRSE EN UNA CÁPSULA DEL TIEMPO, PARA REGISTRAR Y REVISAR LAS COSAS QUE SENTISTE Y LAS EXPERIENCIAS QUE TUVISTE EN EL PASADO.

TU PROPIO MAPA DE LLANTO

PENSÁ EN TODOS LOS ESPACIOS PÚBLICOS QUE TE APORTAN CONFORT. UN ÁRBOL ESPECÍFICO EN EL PARQUE, TU CAFÉ FAVORITO, EL PLANETARIO, LAS ESCALERAS DE LA BIBLIOTECA PÚBLICA, LA SECCIÓN DE MAQUILLAJE DE UN GRAN ALMACÉN. IMPRIMÍ UN MAPA DE TU CIUDAD O PUEBLO Y AGREGÁ TODOS LOS ESPACIOS DONDE TE SENTÍS SEGURO. CUANDO SIENTAS GANAS DE LLORAR AFUERA, ACERCATE A LLORAR AL LUGAR SEGURO MÁS PRÓXIMO Y QUE VENGAN LAS OLAS.

 MIÉRCOLES 14 DE ABRIL DE 2021: LLORÉ PORQUE ESTABA EN CASA.

flores Mentales

¡EY! HAY FLORES EN EL JARDÍN DE TU MENTE.

PLANTASTE TUS PROPIOS RECUERDOS.

PODÉS OLER TUS PENSAMIENTOS.

COMER LOS ATERCIOPELADOS PÉTALOS DE TUS IDEAS

Y REGAR TU CEREBRO CON LÁGRIMAS HASTA QUE FLOREZCA.

LICENCIA PARA LLORAR

NOMBRE: _____

TIPO DE OJOS: _____

LUGAR FAVORITO PARA LLORAR: _____

PELÍCULA PREFERIDA PARA LLORAR: _____

PRIMER LLANTO: RAZÓN PRINCIPAL DEL LLANTO: _____

_____

LICENCIA INTERNACIONAL
DE LLANTO

PODÉS LLORAR EN CUALQUIER LUGAR

PARA BENEFICIARTE DE LAS LÁGRIMAS Y SENTIR EL IMPACTO POSITIVO DE UN LLANTO PODEROSO, ES IMPORTANTE ESTAR EN BUENA FORMA EMOCIONAL. ALGUNAS MANERAS DE PERFECCIONAR LOS MECANISMOS DE DEFENSA Y LA SALUD EMOCIONAL SON:

OBSERVÁ TUS EMOCIONES Y REACCIONES. ¿QUÉ TE HACE SENTIR TRISTE, FRUSTRADO O ENOJADO?

EXPRESÁ TUS SENTIMIENTOS. HABLÁ CON LA GENTE MÁS CERCANA CUANDO ALGO TE ESTÁ MOLESTANDO.

TOMATE TU TIEMPO. PENSÁ ANTES DE DECIR O HACER ALGO DE LO QUE PUEDAS ARREPENTIRTE.

RELAJATE. PROBÁ CON RESPIRACIÓN PROFUNDA, BAÑOS DE SONIDO, MEDITACIONES Y EJERCICIO.

HACÉ LO QUE PUEDAS PARA MANTENER UN SALUDABLE EQUILIBRIO CON LA VIDA LABORAL.

ENFOCATE EN LOS MOMENTOS FELICES DE TU VIDA.

CUIDÁ TU SALUD FÍSICA, HACÉ EJERCICIO Y COMÉ SANO.

MANTENÉ EL CONTACTO CON PERSONAS QUE TIENEN UN IMPACTO POSITIVO EN TU VIDA.

POSLLANTO

DESPUÉS DE UN BUEN LLANTO, PODÉS TENER MÁS ESPERANZAS SOBRE EL FUTURO.

ALGUNAS COSAS QUE QUIZÁS DISFRUTES HACIENDO DESPUÉS DE LLORAR:

- LAVARTE LA CARA.

- RESPIRAR PROFUNDO VARIAS VECES.

- LLEVAR UN DIARIO Y ESCRIBIR TUS PENSAMIENTOS.

- DUCHARTE.

- DORMIR UNA SIESTA.

- TOMAR AGUA O TÉ.

- SALIR A CAMINAR.

- HABLAR CON UN AMIGO AL QUE ADORÁS.

- LLORAR DE NUEVO.

CULTIVAR UNA ACTITUD ÚTIL HACIA LA EXPRESIÓN O REPRESIÓN DE LAS LÁGRIMAS VARÍA SEGÚN CADA SOCIEDAD Y CULTURA. HAY CIERTAS TRIBUS QUE UTILIZAN EL LLANTO COMO RITUAL DE SALUDO EN LUGAR DE BESAR O DAR LA MANO; ESTOS RITOS DE LÁGRIMAS PUEDEN ESTIMULAR SENTIMIENTOS DE UNIDAD EN TIEMPOS DE CRISIS PROFUNDA DENTRO DE UN CONFLICTO SOCIAL Y ENTRE COMUNIDADES.

ESTAMOS TODOS CONECTADOS POR LÁGRIMAS.

SI LOS DEMÁS IGNORAN O CRITICAN A QUIEN LLORA, SERÁ DIFÍCIL VER UNA MEJORA EN EL ESTADO DE ÁNIMO DE LA PERSONA QUE LAGRIMEA. CUANDO ES POSIBLE, LOS HUMANOS PREFIEREN LLORAR EN PRESENCIA DE ALGUIEN QUE LES BRINDE CONSUELO Y APOYO, COMO SUS PADRES, SUS HERMANOS O SU PAREJA.

PARA LOS NIÑOS, LAS LÁGRIMAS SIRVEN COMO UNA HERRAMIENTA DE COMUNICACIÓN IMPORTANTE, PERMITIENDO MOSTRAR Y REGULAR SUS NECESIDADES EMOCIONALES. ESTA HERRAMIENTA TAMBIÉN PUEDE SER POTENTE EN LA EDAD ADULTA.

IGNORAR A ALGUIEN QUE LLORA ABIERTAMENTE EN PÚBLICO ES CASI IMPOSIBLE; EN GENERAL, APARECE DENTRO DE NOSOTROS UNA ESPECIE DE EMPATÍA ANTE LAS LÁGRIMAS. CUANDO LA GENTE QUE LLORA EN PÚBLICO REVELA QUE FUERON AYUDADOS, TIENDEN A SENTIRSE MEJOR DESPUÉS DE LLORAR QUE AQUELLOS A LOS QUE SE IGNORÓ.

EL PODER DE LA EMPATÍA

COMPRENDER EL SUFRIMIENTO O LA FELICIDAD DEL OTRO ES EL REGALO MÁS CARIÑOSO QUE PODÉS DARLE. LA COMPASIÓN ES AMOR, Y SENTIR LO QUE OTROS SIENTEN ES AMOR MULTIPLICADO. LAS LÁGRIMAS PASAN POR NUESTRAS CARAS PARA QUE CUALQUIERA LAS VEA. EL HECHO DE QUE NO LLOREMOS A TRAVÉS DE LAS AXILAS SUGIERE QUE LAS LÁGRIMAS HUMANAS SON UN MECANISMO SOCIAL Y QUE HACER PARTÍCIPES A LOS DEMÁS DE LO QUE ESTAMOS EXPERIMENTANDO TIENE UNA VENTAJA EVOLUTIVA.

UNA LÁGRIMA ES UN SIGNO UNIVERSAL Y LLORAR ES EVOLUCIÓN.
¿POR QUÉ ES NORMAL REÍR JUNTOS Y LLORAR SOLOS?

EL LLANTO PROVOCA FUERTES REACCIONES SOCIALES, LAS
PERSONAS SE SIENTEN MUCHO MÁS INCLINADAS A VINCULARSE Y AYUDAR
A AQUELLOS QUE ESTÁN LLORANDO VISIBLEMENTE.

 DOMINGO 24 DE OCTUBRE DE 2021: LLORÉ BUSCANDO ARCHIVOS EN UN DISCO DURO
EXTERNO Y PENSÉ EN LAS PERSONAS QUE ALMACENAN LOS RECUERDOS DE SU VIDA.

EXPONER TUS SENTIMIENTOS MÁS PUROS
SIGNIFICA QUE NO TE PREOCUPA ENFRENTARTE A ELLOS.
CUANDO LLORÁS DELANTE DE ALGUIEN MÁS, DEMOSTRÁS
QUE SOS VULNERABLE Y QUE ESTÁS VIVO. ES UNA CLARA
SEÑAL DE QUE NO TENÉS MIEDO DE SUMERGIRTE
PROFUNDAMENTE EN TU SER INTERIOR Y AFRONTAR
CUALQUIER DESAFÍO QUE SE PONGA POR DELANTE.

NO TENÉS NADA QUE OCULTAR,

LLORAR TE VA A AYUDAR
A CONQUISTAR LO DESCONOCIDO.

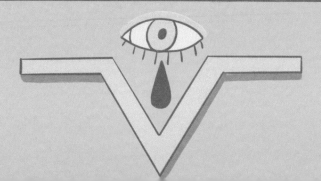

LAS LÁGRIMAS SON UNA VÁLVULA DE ESCAPE, EN GRAN PARTE PORQUE MANTENER GUARDADOS SENTIMIENTOS DIFÍCILES EN EL INTERIOR, LO QUE LOS PSICÓLOGOS LLAMAN REPRESIÓN EMOCIONAL, PUEDE SER NOCIVO PARA NUESTRA SALUD EN GENERAL. EL LLANTO Y OTRAS FORMAS DE LIBERACIÓN EMOCIONAL SON HERRAMIENTAS PSICOLÓGICAS IMPORTANTES PARA LA MENTE Y EL CUERPO.

VIERNES 30 DE ABRIL DE 2021: LLORÉ MIRANDO EL MENÚ INTERMINABLE DE UN RESTAURANTE ITALIANO.

"KAMA MUTA" ES UNA EXPRESIÓN SÁNSCRITA UTILIZADA PARA DESCRIBIR CUANDO ALGUIEN ESTÁ "CONMOVIDO POR EL AMOR". ESTE SENTIMIENTO SE DESENCADENA AL OBSERVAR O PARTICIPAR EN LA EMOCIÓN DE OTRA PERSONA, Y DE REPENTE SENTIMOS UNA CONEXIÓN FUERTE Y UN SENTIDO DE UNIDAD.
LAS PERSONAS CON ALTA EMPATÍA TIENEN MÁS PROBABILIDADES DE CONMOVERSE POR LAS LÁGRIMAS DE OTROS, LO CUAL PROVOCA UN FUERTE LLANTO.

EL UNIVERSO ESTÁ DENTRO DE VOS.

PERO NO SOS EL CENTRO DEL UNIVERSO,

ESTÁS FLOTANDO

ALREDEDOR DE MILES DE ESTRELLAS.

 MIÉRCOLES 6 DE OCTUBRE DE 2021: LLORÉ PORQUE EL LLANTO ES TENDENCIA Y TODOS DEBERÍAMOS LLORAR JUNTOS PARA HACER UN MUNDO MEJOR.

HAY UN LUGAR MÁGICO

DONDE LAS LÁGRIMAS ENCUENTRAN LA RISA

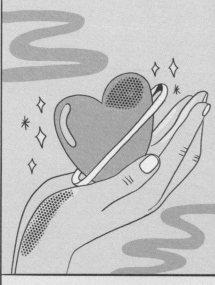

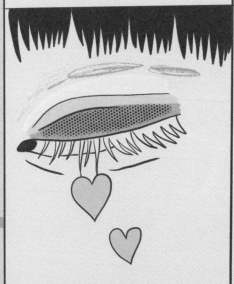

Y SE SIENTE COMO LA EXPERIENCIA HUMANA DEFINITIVA.

¿PODÉS IMAGINAR LAS LÁGRIMAS DEL FUTURO?

SI TE SENTÍS EXTREMADAMENTE TRISTE O ESTÁS PREOCUPADO
POR UN SER QUERIDO, O SIMPLEMENTE DESEÁS APOYO EMOCIONAL, ENCONTRÁ
TU LÍNEA DE AYUDA LOCAL
EN EL TELÉFONO DE LA ESPERANZA:
HTTPS://TELEFONODELAESPERANZA.ORG
TELÉFONO DE ATENCIÓN EN CRISIS: 717 003 717.

GRACIAS

QUIERO AGRADECER A TODOS LOS QUE LLORARON CONMIGO DURANTE EL LARGO PROCESO DE HACER ESTE LIBRO: UN TRABAJO DE AMOR, SUDOR Y LÁGRIMAS.

TAMBIÉN ME GUSTARÍA AGRADECER A CUALQUIER PERSONA –AMIGOS O DESCONOCIDOS– QUE HAYA LLORADO CONMIGO A LO LARGO DE LA VIDA EN GENERAL.

ESPECIALMENTE QUIERO AGRADECER A GUIDO, MI COMPAÑERO EN EL LLANTO Y EN LA VIDA. SIN SU APOYO Y EMPATÍA NO PODRÍA HABER TERMINADO ESTE PROYECTO. ME VIO LLORAR MÁS QUE A NINGÚN OTRO SER HUMANO Y SIEMPRE ESTUVO DISPUESTO A APOYARME CON ABRAZOS Y PAÑUELOS.

TAMBIÉN QUIERO AGRADECER A MIS PADRES, QUE ME RECIBIERON EN ESTE MUNDO LLORANDO Y LLORARON CUANDO ALCANCÉ GRANDES METAS. SUS LÁGRIMAS SIEMPRE ME HICIERON SENTIR AMOR Y APOYO.

MI MAMÁ, QUE FUE LA PRIMERA EN RESPONDER A MI LLANTO, ES MI MAYOR ANIMADORA Y MI SUSTENTO EN LAS LÁGRIMAS. A MI PAPÁ, POR ESCRIBIRME CARTAS QUE SIEMPRE ME HACEN LLORAR FUERTE.

A MIS HERMANOS, POR SER LOS CUSTODIOS DE LOS DATOS SENSIBLES DE NUESTRA INFANCIA.

A MIS SOBRINOS BATU Y ALFONSO, POR HACER QUE MI CORAZÓN ESTALLARA EN LÁGRIMAS DE AMOR.

ME GUSTARÍA AGRADECER A TODOS MIS AMIGOS; SIN ELLOS LA VIDA Y LAS LÁGRIMAS NO TIENEN SENTIDO.

ROSARIO, POR CONOCERME TAN BIEN. LULES, POR SU EXTRAORDINARIA EMPATÍA HACIA TODOS LOS SERES VIVOS. IAIR, POR CONTESTAR SIEMPRE MIS LLAMADOS. ANGIE, POR CUIDAR DE TODOS. LULA, POR TENER ESOS CONSEJOS ILUMINADOS. ANA, POR CAMINAR CONMIGO. MALÉN, POR INSPIRARME CON SU POESÍA.

MELINA, POR SU RISA Y HUMOR. LU, POR SU ESPECIAL SENSIBILIDAD. ANTO, MARTÍN Y RÍO POR SU CERCANÍA.

CARLOS, POR SU INFINITA BONDAD. SEBAS, POR NUESTRA AMISTAD TELEPÁTICA. COCO, POR COMPARTIR EL PROCESO. A TODOS MIS AMIGOS DEL CENTRO DE ESTUDIOS DE DIBUJOS ANIMADOS. A MIS AMABLES SEGUIDORES DEL CRYING CLUB: LUISINA, ANNA, AUTUMN, LISA, JANEL, EU, DAN, INÉS Y ELLYNNE.

A AD VINGERHOETS POR REALIZAR UN AMPLIO TRABAJO DE INVESTIGACIÓN DE LAS LÁGRIMAS HUMANAS.

A EUGENIA VITI POR PRESENTARME A MI BRILLANTE AGENTE, DANIELLE, A QUIEN TAMBIÉN ESTOY MUY AGRADECIDA.

A MIS MARAVILLOSOS EDITORES MAGALÍ, EMMA, HELENA, THEA Y MICHAEL, POR LIDERAR EL CAMINO CON SUS PALABRAS AMABLES Y SUGERENCIAS PENSADAS.

A TODOS LOS QUE LLORARÁN CONMIGO EN EL FUTURO.

FUENTES

CRYING: A NATURAL AND CULTURAL HISTORY OF TEARS BY TOM LUTZ.

WHY DO WE CRY? THE SCIENCE OF TEARS.

   https://www.independent.co.uk/life-style/why-do-we-cry-the-science-of-tears-9741287.html

THE SCIENCE OF CRYING.

   https://time.com/4254089/science-crying/

ALL ABOUT EMOTIONAL TEARS. AMERICAN ACADEMY OF OPHTHALMOLOGY.

   https://www.aao.org/eye-health/tips-prevention/all-about-emotional-tears

WHY WE CRY. CLEVELAND CLINIC.

   https://health.clevelandclinic.org/tears-why-we-cry-and-more-infographic/#:~:text=3.%20Psychic%20or%20emotional%20tears

DEAR SCIENCE: WHY DO WE CRY? *THE WASHINGTON POST.*

   https://www.washingtonpost.com/news/speaking-of-science/wp/2016/11/28/dear-science-why-do-we-cry/

HAVE YOU CONSIDERED THE BENEFITS OF CRYING? *THE NEW YORK TIMES.*

   https://www.youtube.com/watch?v=CawT_sqi8xo

WHY DO BABIES CRY ON AIRPLANES? *LIVE SCIENCES.*

   https://www.livescience.com/64714-why-babies-cry-on-airplanes.html

A CRY FOR HELP. MEXICOLORE.

   https://www.mexicolore.co.uk/aztecs/aztec-life/cry-for-help

TEARS AND CRYING IN GRAECO-ROMAN ANTIQUITY.

   https://www.degruyter.com/document/doi/10.1515/9783110214024.1/html

WHAT IS CATHARSIS. VERY WELL MIND.

   https://www.verywellmind.com/what-is-catharsis-2794968#:~:text=a%20catharsis%20is%20an%20emotional,feelings%20of%20frustration%20and%20tension.

HISTORY OF LOVE HIDDEN IN LACHRIMATORY BOTTLES.

   https://www.dailysabah.com/life/2020/02/14/history-of-love-hidden-in-lachrymatory-bottles

CRYING IN THE MIDDLE AGES: TEARS OF HISTORY BY ELINA GERTSMAN.

WHY WE CRY AT MOVIES. *PSYCHOLOGY TODAY.*

   https://www.psychologytoday.com/us/blog/the-moral-molecule/200902/why-we-cry-movies

TWO TYPES OF PEAK EMOTIONAL RESPONSES TO MUSIC: THE PSYCHOPHYSIOLOGY OF CHILLS AND TEARS. *NATURE.*

   https://www.nature.com/articles/srep46063

MOVED TO TEARS.

   https://interlude.hk/moved-tears/

CRYING WHILE READING THROUGH THE CENTURIES. *THE NEW YORKER.*

   https://www.newyorker.com/books/page-turner/crying-while-reading-through-the-centuries

LEADERS ARE CRYING ON THE JOB. MAYBE THAT'S A GOOD THING. *THE NEW YORK TIMES.*

   https://www.nytimes.com/2020/05/03/us/politics/crying-politicians-leadership.html

CRYING AT THE MUSEUM: A CALL FOR RESPONSIBLE EMOTIONAL DESIGN BY STACEY MANN.

THIS ART EXHIBITION IS GUARANTEED TO MAKE YOU WEEP. *SMITHSONIAN MAGAZINE.*

   https://www.smithsonianmag.com/smart-news/im-totally-not-crying-new-art-exhibit-guaranteed-make-you-weep-180970450/

IS IT NORMAL TO CRY MORE DURING YOUR PERIOD? HEALTHLINE.

   https://www.healthline.com/health/womens-health/crying-during-period

THIS IS WHAT HAPPENS TO YOUR BODY WHEN YOU CRY.

   https://www.self.com/story/what-happens-when-you-cry

WHY ONLY HUMANS WEEP: UNRAVELLING THE MYSTERIES OF TEARS BY AD VINGERHOETS.

ILM CLUB: "TEARS TEACHER" *THE NEW YORK TIMES.*

https://www.nytimes.com/2020/10/01/learning/film-club-tears-teacher.html

HE RELATIONSHIP OF GENDER ROLES AND BELIEFS TO CRYING IN AN INTERNATIONAL SAMPLE. NATIONAL LIBRARY OF MEDICINE.

https://www.ncbi.nlm.nih.gov/pmc/articles/PMC6795704/

HE LUXURY OF TEARS. *THE ECONOMIST.*

https://www.economist.com/1843/2016/03/02/the-luxury-of-tears

WHY IT'S OKAY TO CRY WITH PATIENTS AND THEIR FAMILIES BY KATELYNNE SHEPARD.

https://www.travelnursing.com/news/features-and-profiles/why-its-okay-to-cry-with-patients-and-their-families/

AN'T CRY? HERE'S WHAT MIGHT BE GOING ON. HEALTHLINE.

https://www.healthline.com/health/mental-health/why-cant-i-cry

HIS IS WHY YOU'RE MORE LIKELY TO CRY ON AN AIRPLANE, ACCORDING TO A PSYCHOLOGIST. *TIME MAGAZINE.*

https://time.com/5274209/airplane-cry-emotion/

O REASONS WHY CRYING DURING OR AFTER SEX IS COMPLETELY NORMAL. HEALTHLINE.

https://www.healthline.com/health/healthy-sex/crying-after-sex

ERE'S HOW (AND WHY) TO HELP BOYS HAVE ALL THE FEEL. *THE WASHINGTON POST.*

https://www.washingtonpost.com/news/parenting/wp/2015/10/01/boys-have-feelings-too-heres-how-to-help-them-feel-all-the-feels/

TUDY REVEALS 5 MAIN REASONS THAT MAKE PEOPLE CRY. *DAILY SABAH.*

https://www.dailysabah.com/life/study-reveals-5-main-reasons-that-make-people-cry/news

WHY CRYING IS A FEMINIST ACT. UNIVERSITY OF IDAHO, WOMEN'S CENTER.

https://uiwomenscenter.wordpress.com/2017/04/08/why-crying-is-a-feminist-act/

ET THE TEARS FLOW: CRYING IS THE ULTIMATE HEALER. MENTALHELP.NET

https://www.mentalhelp.net/blogs/let-the-tears-flow-crying-is-the-ultimate-healer/

WAYS CRYING MAY BENEFIT YOUR HEALTH. HEALTHLINE.

https://www.healthline.com/health/benefits-of-crying

WHY DO WE LIKE SAD STORIES? VERY WELL MIND.

https://www.verywellmind.com/why-do-we-like-sad-stories-5224078

WHY HUMANS GIVE BIRTH TO HELPLESS BABIES. *SCIENTIFIC AMERICAN.*

https://blogs.scientificamerican.com/observations/why-humans-give-birth-to-helpless-babies/

OMAN TEARS AND THEIR IMPACT: A QUESTION OF GENDER? BY SARAH REY.

CONSOLATION OF VOICES: AT THE PARK AVENUE ARMORY, MOURNING THE WORLD OVER. *THE NEW YORK TIMES.*

https://www.nytimes.com/2016/09/12/arts/music/mourning-installation-taryn-simon-park-avenue-armory.html

FORGOT HOW TO CRY AS A MAN. HRT GAVE ME A RANGE OF EMOTIONS I NEVER THOUGHT POSSIBLE, *THE GUARDIAN*

https://www.theguardian.com/lifeandstyle/2020/jul/20/i-forgot-how-to-cry-as-a-man-hrt-gave-me-a-range-of-emotions-i-never-thought-possible

BENEFITS OF CRYING WHEN YOU NEED TO JUST LET IT ALL OUT, ACCORDING TO EXPERTS. *WOMEN'S HEALTH.*

https://www.womenshealthmag.com/health/a38150358/benefits-of-crying/

S CRYING GOOD FOR YOU? HARVARD HEALTH.

https://www.health.harvard.edu/blog/is-crying-good-for-you-2021030122020

HOW CRYING COULD ACTUALLY BOOST YOUR MOOD. *NEWS MEDICAL LIFE SCIENCES.*

https://www.news-medical.net/health/How-Crying-Could-Actually-Boost-Your-Mood.aspx

THE MYTH OF LA LLORONA: A STORY OF COLONIALISM AND PATRIARCHY.

https://owlcation.com/humanities/La-Llorona-A-Mythical-Figure-of-Mexican-Culture

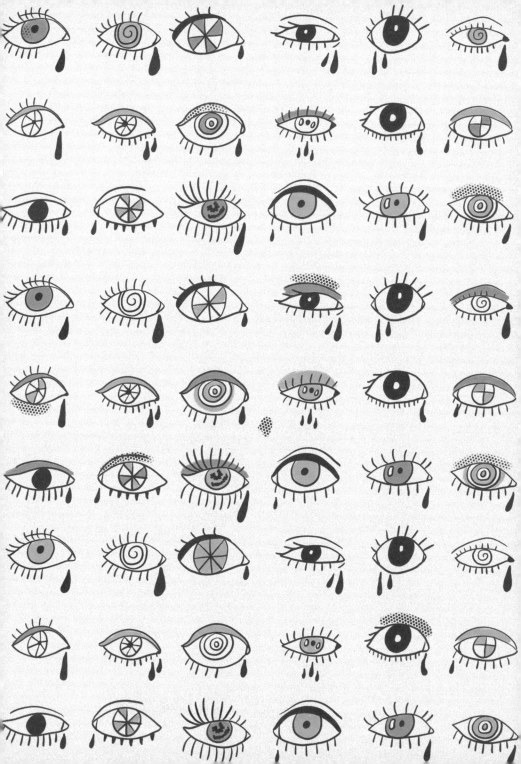

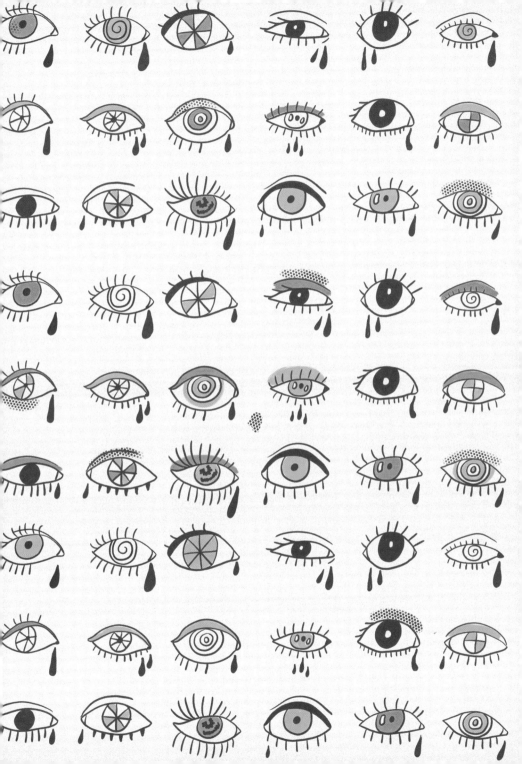